朝ごはん

ベターホームの

パン派？ ごはん派？
さっと作れる朝食レシピ

朝ごはん、
ちゃんと食べてる?

朝ごはんを食べると、よいことがたくさん。

まずはカラダが温まって、
これから動き出すためのウォーミングアップ。
太りにくいカラダになっていく。
脳の働きもよくなって集中力がアップし、
午前中から、勉強や仕事がはかどる。
そして、いちばん大事なこと。
おいしい朝ごはんを食べると、
ココロが元気になるはず。

ちょっとだけ早起きして、ささっと作る、
これが朝ごはん習慣をつけるコツ。
すぐに食べられるかんたん食材を使って、
作り方も、とことんシンプルに。
朝時間を節約しつつ、
おいしさには妥協しない。

「あ、明日の朝はコレにしよっ」
そう思って眠りにつくと、
朝の目覚めは、なぜかスッキリ。

「いただきます」から始まる、元気な1日を♪
リッチな朝時間の始まりです。

もくじ

- 002 朝ごはん、ちゃんと食べてる?
- 006 朝ごはんに、あると便利!
  朝ごはん作りの㊙テク
- 008 かんたんに作れる朝ごはん

パン派

- 014 イタリアン・トースト
  カレーチーズ・トースト
  ベーコン・トースト
  さけマヨ・トースト
  納豆チーズ・トースト
  しらすマヨ・トースト
- 016 ピザ・トースト
  サーモンアボカド・トースト
- 017 お好み焼き・トースト
  焼きとり・トースト
- 018 BLT・サンド
  ツナきゅうり・サンド
- 019 てりたま・サンド
  焼き豚ベーグル・サンド
- 020 ハムクロワッサン・サンド
  えびたまバゲット・サンド
- 021 アスパラエッグ・オープンサンド
  生ハム・オープンサンド
- 022 ポテサラ・サンド
  きんぴらチーズ・サンド
- 023 から揚げ・ピタサンド
  シチュー・ポットパン
- 026 ポテト・エッグ
- 028 ふんわりオムレツ
- 029 卵とアスパラのいためもの
- 030 チーズ・スクランブルエッグ
- 031 かんたんスフレ
- 032 ホットドッグ
- 033 コンビーフ・ホットサンド
- 034 ベーコンエッグ・マフィン
- 035 かんたんクロックムッシュ
- 036 厚切りフレンチトースト
  オレンジフレンチトースト
  ココアフレンチトースト
- 037 シュガートースト
  シナモンバナナトースト
  ブルーベリーチーズトースト
  カマンベールいちごトースト
- 038 トマトスープ
  ツナとレタスのスープ
  きゅうりの冷たいスープ
- 039 きのこのミルクスープ
  キャベツのカレースープ
  ごま風味の豆乳スープ

ごはん派

- 048 自家製卵かけしょうゆ
- 049 しそぽんTKG（卵かけごはん）
  韓国のりTKG
  とうふのっけTKG
  ザーサイのっけTKG
- 050 納豆しらす丼
  めんたい高菜丼
  魚かば焼き丼
  ツナマヨ丼
  かにかまコーンバター丼
  オイルサーディン丼
- 052 なめたけ卵丼
  ツナそぼろ丼
- 053 てり焼きちくわ丼
  ナポリタン丼
- 054 さつま揚げのてり煮
  トマトとしらすのぽん酢がけ
  自家製インスタントすまし汁
- 056 はんぺんのチーズ焼き
  トマトとみず菜のサラダ
- 057 野菜の巣ごもり卵
  にんじんサラダ
- 058 生揚げのぽん酢いため
  自家製インスタントわかめスープ

この本のきまり

- ●計量の単位 >>> 小さじ1=5mℓ　大さじ1=15mℓ　カップ1=200mℓ(mℓ=cc)
- ●フライパン >>> フッ素樹脂加工のフライパンを使用。　●電子レンジ >>> 加熱時間は500Wのめやす。600Wなら0.8倍する。
- ●スープの素 >>> 顆粒を使用。ビーフ味、チキン味などはお好みで。商品によって塩気が異なるので、最後は味見をして確認。

059	油揚げの卵とじ	
	きゅうりのゆかりあえ	
060	高野どうふの煮もの	
	キャベツの塩こんぶあえ	
	自家製インスタントみそ汁	
061	生揚げのみそ焼き	
	チンゲンサイの煮びたし	
062	かんたんトマトリゾット	
	おとし卵の洋風おじや	
063	卵ぞうすい	
	かぼちゃリゾット	
064	梅こんぶ茶漬け	
	焼きざけのだし茶漬け	
	焼きたらこ茶漬け	
	つくだ煮茶漬け	
	とうふのだし茶漬け	
	冷やし茶漬け	
066	あさりのみそ汁	
	こまつなととうふのみそ汁	
	だいこんと油揚げのみそ汁	

気まま派

070	バゲットのトマトチーズ焼き
071	バゲットサラダ
	かんたんオニオングラタンスープ
072	ライスオムレツ
	かんたんドリア
073	ライスサラダ
074	トマトスープパスタ
075	はるさめヌードル
076	もちラザニア
077	かんたんぞうに
078	アップルシナモン・パンケーキ
079	ピザ風パンケーキ
080	きなこあずき・シリアル
	オレンジ・シリアル
081	バナナヨーグルト・シリアル
	スープ・シリアル
082	ツナサラダ・シリアル
	シーザーサラダ風・シリアル
083	ベリーベリーヨーグルト
	きなこヨーグルト
	マシュマロヨーグルト
	豆サラダヨーグルト
084	はちみつりんごサワー
	トマトラッシー
	アボカドミルク
085	パイン豆乳
	パプリカオレンジ
	ブルーベリーヨーグルト
086	ジャムティー
	ジンジャー・レモネード
	マシュマロ・カフェモカ
087	ロイヤルミルクティー
	りんごのくず湯
	黒ごまきなこミルク

休日の朝ごはん

092	アメリカン・ブレックファースト
096	スコーン・ブランチ
100	アジアンおかゆ
104	純和風な朝ごはん

朝ごはんアイディア

024	① おまかせサンドイッチ
040	② 作りおきできる朝ごはん
088	③ 同時調理クッキング
108	④ お楽しみ朝ごはん
067	朝のみそ汁作り・時短テク
	みそ汁の基本「だし」をとろう！
099	紅茶のおいしいいれ方
110	素材別さくいん

はじめに、これだけは知っとこ
朝ごはんに、あると便利！

時間がない朝におすすめな、ストックしておくと便利な朝ごはん食材。
まずはこれから始めて、「朝ごはん習慣」を身につけよう！

脳やカラダのエネルギー源になるのが、パンやごはんなどの主食。
「とりあえず」これらを食べて、朝から元気！

パン
1食分ずつ小分けして冷凍（約1か月保存OK）。お気に入りのパンにジャムやバターがあれば、それだけでおいしい朝ごはん。

ごはん
1食分ずつ小分けして冷凍（約1か月保存OK）。おかずがなくても、ふりかけや納豆に、みそ汁（インスタントでも）があればOK。

シリアル
栄養バランスがよく、すぐに食べられるのがシリアルのよいところ。保存がきくので、常備しておくと、いざというときに安心。

これなら作れる、続けられる
朝ごはん作りの㊙テク

メニューを決めてメモ
たとえば、晩ごはんの残りのおかずをサンドイッチの具に。冷蔵庫のほかの食材もメモ。起きてすぐの寝ぼけた頭でも、すぐにとりかかれる。

材料をひとまとめに
たとえば、いためものに使う食材をひとまとめにして冷蔵庫へ。あちこちから材料をかき集めることなく、すぐに作れる。

たんぱく質はカラダを作る基本。ビタミン、ミネラルはカラダの調子をととのえてくれる。
かんたん食材をうまく使っておかずやデザートをプラスすると、
栄養バランスがよくなり、満足感もUP。

卵・加工食品

日もちがして調理もかんたん。ハム、ベーコン、ウィンナーソーセージや、ちくわ、さつま揚げなど。とうふや生揚げなども便利（日もち約2日）。

缶詰

保存がきいて、そのままでも調理してもOK。ツナ缶、魚かばやき缶（いわし、さんま）、焼きとり缶、ミックスビーンズ缶など。

牛乳・乳製品

手軽に食べられ、シリアルやフルーツと組み合わせると、さらに栄養バランスがよくなる。ヨーグルトには乳酸菌が含まれていて整腸作用も。

フルーツ・野菜

フルーツは食欲がなくても食べやすい。野菜も朝から意識してとりたい。トマトやレタスなど、すぐに食べられるものが便利。

朝ごはんを作っている時間がない、バタバタとあわてて作って食べている…そんな悩みをすっきり解決！
朝ごはん作りがラクラク楽しくなる、ほんのひとくふうをご紹介。

使う道具は最小限に

たとえば、目玉焼きを1個作るときは、小さめのフライパンで充分。エネルギーのムダもなく、あとかたづけもかんたん。

+αのひとくふう

お気に入りのランチョンマット＆食器などの朝ごはんセットを準備して就寝。朝起きるのが楽しみになり、効率もよい。

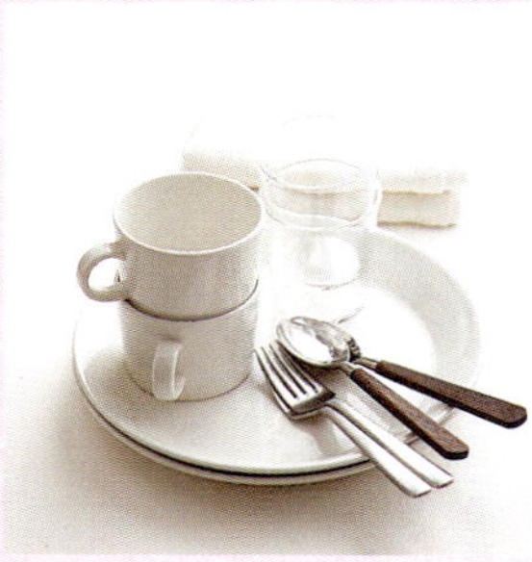

めんどくさがりや、でもOK
かんたんに作れる朝ごはん

まな板と包丁を出して材料を切って、
フライパンか鍋で調理…それがふだんのごはん作り。
でも、忙しい朝は、たとえ1分でも時間短縮したい！
ラク技はいろいろあるけれど、その中でもとくにかんたんな、
下の3つのラク技で作れるレシピをまとめてご紹介。
切るのがめんどうなときは、"まな板"いらずレシピで、
暑いから火を使いたくないときは、"加熱"いらずレシピの朝ごはん。
毎日作れるように、とことん"ラク"にこだわりました。

ラク技① "まな板"いらず

切らなくてよいものは切らない。
手でちぎれるものは、手でちぎる。
ねぎやきのこ、ベーコンなど、
かんたんなものは、キッチンばさみで。

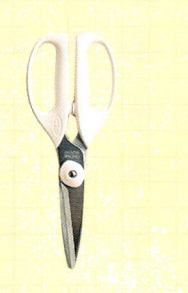

ラク技② "フライパン・鍋"いらず

コンロは使わずに、
電子レンジやオーブントースターで調理。
フライパンや鍋などの洗いものが減るし、
油を使わないから、ヘルシーなのもうれしい。

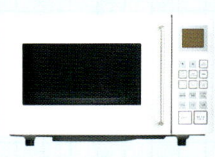

ラク技③ "加熱"いらず

コンロも電子レンジもトースターも使わない。
加熱いらずの材料をのせたりするだけ。
忙しい朝にぴったりな、
かんたん、でも食べごたえありの朝ごはん。

ラク技① "まな板"いらずレシピ

015	ベーコン・トースト	014	カレーチーズ・トースト
015	しらすマヨ・トースト	014	さけマヨ・トースト
017	焼きとり・トースト	014	納豆チーズ・トースト
021	生ハム・オープンサンド	019	焼き豚ベーグル・サンド
049	しそぽんＴＫＧ（卵かけごはん）	020	ハムクロワッサン・サンド
049	とうふのっけＴＫＧ	022	きんぴらチーズ・サンド
050	ツナマヨ丼	023	シチュー・ポットパン
050	かにかまコーンバター丼	030	チーズ・スクランブルエッグ
051	オイルサーディン丼	034	ベーコンエッグ・マフィン
053	てり焼きちくわ丼	037	シュガートースト
054	さつま揚げのてり煮	037	ブルーベリーチーズトースト
062	かんたんトマトリゾット	037	カマンベールいちごトースト
063	卵ぞうすい	049	韓国のりＴＫＧ
064	つくだ煮茶漬け	050	納豆しらす丼
072	ライスオムレツ	050	めんたい高菜丼
		051	魚かば焼き丼
		052	なめたけ卵丼
		052	ツナそぼろ丼
		062	おとし卵の洋風おじや
		064	梅こんぶ茶漬け
		065	焼きざけのだし茶漬け
		065	焼きたらこ茶漬け
		066	あさりのみそ汁
		082	ツナサラダ・シリアル

ラク技② "フライパン・鍋"いらずレシピ

＜電子レンジで調理＞

- 023 から揚げ・ピタサンド
- 031 かんたんスフレ
- 038 トマトスープ
- 038 ツナとレタスのスープ
- 049 とうふのっけＴＫＧ
- 052 なめたけ卵丼
- 052 ツナそぼろ丼
- 059 油揚げの卵とじ
- 060 高野どうふの煮もの
- 062 かんたんトマトリゾット
- 062 おとし卵の洋風おじや
- 076 もちラザニア
- 077 かんたんぞうに

＜オーブントースターで調理＞

- 014 イタリアン・トースト
- 014 カレーチーズ・トースト
- 014 さけマヨ・トースト
- 014 納豆チーズ・トースト
- 015 ベーコン・トースト
- 015 しらすマヨ・トースト
- 016 ピザ・トースト
- 016 サーモンアボカド・トースト
- 017 お好み焼き・トースト
- 017 焼きとり・トースト
- 021 アスパラエッグ・オープンサンド
- 021 生ハム・オープンサンド
- 023 シチュー・ポットパン
- 036 厚切りフレンチトースト
- 036 オレンジフレンチトースト
- 036 ココアフレンチトースト
- 037 シュガートースト
- 037 シナモンバナナトースト
- 037 ブルーベリーチーズトースト
- 037 カマンベールいちごトースト
- 056 はんぺんのチーズ焼き
- 061 生揚げのみそ焼き
- 071 バゲットサラダ
- 072 かんたんドリア

ラク技③
"加熱"いらずレシピ

018	ツナきゅうり・サンド	020	えびたまバゲット・サンド
019	焼き豚ベーグル・サンド	022	ポテサラ・サンド
020	ハムクロワッサン・サンド	022	きんぴらチーズ・サンド
049	韓国のりＴＫＧ（卵かけごはん）	038	きゅうりの冷たいスープ
050	納豆しらす丼	049	しそぽんＴＫＧ
050	めんたい高菜丼	049	ザーサイのっけＴＫＧ
065	冷やし茶漬け	050	ツナマヨ丼
073	ライスサラダ	050	かにかまコーンバター丼
082	ツナサラダ・シリアル	051	魚かば焼き丼
082	シーザーサラダ風・シリアル	051	オイルサーディン丼
		064	梅こんぶ茶漬け
		064	つくだ煮茶漬け
		065	焼きたらこ茶漬け
		080	きなこあずき・シリアル
		080	オレンジ・シリアル
		081	バナナヨーグルト・シリアル
		081	スープ・シリアル

パン派

手軽さ、食べやすさで、
朝ごはんにいちばん人気のパン。

お気に入りのパンさえあれば、
それだけで、朝起きるのが楽しみなもの。

でもたまには、トーストをアレンジしたり、
かんたんおかずをプラスしたりして、
もっとおいしい朝ごはんもよいのでは？

1 トマト・チーズ・バジル、これぞ王道
イタリアン・トースト
パンにオリーブ油をぬり、ミディトマト（輪切り）、クリームチーズ（ちぎる）をのせて焼く。バジル（ちぎる）をのせ、黒こしょうをふる。

2 スパイスの刺激で目覚める
カレーチーズ・トースト
パンにカレーとピザ用チーズをのせて焼く。

4 わさびがかくし味
さけマヨ・トースト
さけフレークにマヨネーズと練りわさび少々を混ぜ、パンにのせて焼く。きざみのりをのせる。

5 納豆好きは、おためしあれ
納豆チーズ・トースト
納豆に練りがらしとたれを混ぜる。パンにのせ、ピザ用チーズ、万能ねぎ（小口切り）をのせて焼く。

のせて焼くだけ
かんたん・トースト
材料を適量のせて、
トースターでチン、するだけ。

毎朝食べるトースト。
だからこそ、ときには、意外なモノをのせて。
「あ、これアリかも」「自分だったら、こうするな」
そんな発見も楽しんで。

| 1 | 2 | 3 |
| 4 | 5 | 6 |

3 クレソンのにが味と食感がよく合う
ベーコン・トースト
パンにバターをぬり、ベーコンとクレソン（食べやすく切る。キッチンばさみ可）をのせて焼く。黒こしょうをふる。

6 しその香りとごまのプチプチ食感がgood!
しらすマヨ・トースト
しらす干し、しその葉（ちぎる）、白いりごまとマヨネーズを混ぜ、パンにのせて焼く。

食べごたえあり！
おかず系・トースト

ガツンと食べたい朝に。
ランチや晩ごはんにもどうぞ。

しゃきしゃき野菜にとろ〜りチーズがon
ピザ・トースト　300kcal

● 材料（1人分）

食パン（6枚切り）… 1枚
　ピザ用ソース … 大さじ½
ウィンナーソーセージ … 1本
たまねぎ … 20g
ピーマン … ½個
ピザ用チーズ … 20g

● 作り方

① たまねぎは薄切りに、ピーマンは5mm幅の輪切りにする。ソーセージは斜め薄切りにする。
② パンにソースをぬり、①とチーズをのせる。オーブントースターで3〜4分、チーズが溶けるまで焼く。

サーモンとアボカドがWでとろとろ
サーモンアボカド・トースト　283kcal

● 材料（1人分）

食パン（6枚切り）… 1枚
スモークサーモン … 1〜2枚（約20g）
アボカド … ¼個
　レモン汁 … 小さじ½
A ┌ マヨネーズ … 適量
　└ 黒こしょう … 少々

● 作り方

① アボカドは3〜4切れに切り、レモン汁をかける。サーモンは食べやすく切る。
② パンに①を交互にのせ、Aをかける。オーブントースターで3〜4分焼く。

しゃきしゃきキャベツに、とろとろ卵
お好み焼き・トースト　320kcal

材料（1人分）

食パン（6枚切り）… 1枚
　マヨネーズ … 大さじ½
卵 … 1個
キャベツ … 50g
A＜中濃ソース・マヨネーズ・青のり … 各適量＞

作り方

① キャベツは細切りにする。ラップに包み、電子レンジで約1分加熱する。
② パンにマヨネーズをぬる。まん中を少しあけてキャベツをのせ、卵を割り入れる。オーブントースターで3〜4分、卵が好みのかたさになるまで焼く（途中、こげそうなときはアルミホイルをかぶせる）。Aをかけて食べる。

＊卵は半熟くらいの焼き上がりになるので、調理後は早めに食べるように。

甘からしょうゆ味とマヨのコラボ
焼きとり・トースト　253kcal

材料（1人分）

食パン（6枚切り）… 1枚
焼きとり缶詰 … ½缶（30g）
しめじ … ¼パック（25g）
A ┌ 焼きとり缶詰のたれ … 小さじ1
　└ マヨネーズ … 小さじ1
かいわれだいこん … ¼パック（10g）

作り方

① しめじは小房に分ける。かいわれは根元を切り落とし、長さを半分に切る（キッチンばさみ可）。
② パンにAを合わせてぬり、かいわれ、しめじ、焼きとりを順にのせる。オーブントースターで3〜4分焼く。

> パンと具を変えて、いろいろ楽しめる
> ## サンドイッチ
> 遅く起きてくる家族のために作っておいても。ランチにもおすすめ。

ベーコン・レタス・トマトは王道の組み合わせ
ＢＬＴ・サンド　404kcal

🍴 材料（1人分）

食パン（12枚切り）… 2枚
ベーコン … 2枚
レタス … 1枚（40ｇ）
トマト（輪切り）… 2枚
A ┌ マヨネーズ … 小さじ 2
　└ 粒マスタード … 小さじ 1

🍴 作り方

① レタスは食べやすくちぎる。ベーコンは半分に切る。
② フライパンでベーコンを両面焼く。パンはオーブントースターで焼く。
③ パンの内側になる面にAをぬり、レタス、トマト、ベーコンをはさむ。食べやすく切る。

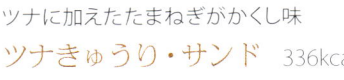

ツナに加えたたまねぎがかくし味
ツナきゅうり・サンド　336kcal

🍴 材料（1人分）

食パン（12枚切り）… 2枚
ツナ缶詰 … 小1/2缶（40ｇ）
たまねぎ … 15ｇ
きゅうり … 1/2本
マヨネーズ … 大さじ 1

🍴 作り方

① たまねぎはみじん切りに、きゅうりは薄切りにする。
② ツナ、たまねぎ、マヨネーズをよく混ぜる。きゅうりと一緒にパンにはさみ、食べやすく切る。

卵は両面焼いて、はさみやすく
てりたま・サンド 410kcal

🍞 材料（1人分）

食パン（12枚切り）… 2枚
てり焼きチキン（市販品）… 4切れ（60g）
卵 … 1個
　サラダ油 … 小さじ1
サラダ菜 … 2〜3枚
マヨネーズ … 大さじ½

🍞 作り方

① フライパンに油を温めて卵を割り入れ、両面焼きの目玉焼きを作る。
② パンにサラダ菜、マヨネーズ、チキン、目玉焼きをはさむ。食べやすく切る。

ルッコラの風味がよいアクセント
焼き豚ベーグル・サンド 274kcal

🍞 材料（1人分）

ベーグル … 1個
　マヨネーズ … 大さじ½
焼き豚（市販品）… 2枚（50g）
　練りがらし … 小さじ¼
ルッコラ … 1〜2本

🍞 作り方

① パンは横半分に切り、内側にマヨネーズをぬる。
② ルッコラは食べやすくちぎる。焼き豚にからしをぬる。
③ パンに②をはさむ。

まるでパリの朝ごはん!?
ハムクロワッサン・サンド　320kcal

🍞 材料（1人分）

クロワッサン（大）… 1個
ハム（薄切り）… 2枚（30g）
プリーツレタス … 1枚
カッテージチーズ … 大さじ2（30g）

🍞 作り方

① パンは横に切りこみを入れる。レタスは食べやすくちぎる。
② パンにすべての具をはさむ。

ソースのかくし味に、タバスコを入れても美味
えびたまバゲット・サンド　476kcal

🍞 材料（1人分）

バゲット … 小1本
むきえび（ボイル済み）… 2尾（20g）
ゆで卵 … 1個
レタス … 1枚（50g）
ミニトマト … 2個
A ┌ マヨネーズ … 大さじ1
　└ トマトケチャップ … 小さじ1

🍞 作り方

① パンは横に切りこみを入れる。Aを混ぜ、半量をパンの内側にぬる。
② レタスは食べやすくちぎり、ミニトマトは横3つの輪切りにする。ゆで卵は5〜6mm厚さの輪切りにする。
③ パンに②とえびをはさみ、残りのAをかける。

マフィンはカリカリに焼くのがおすすめ
アスパラエッグ・オープンサンド　274kcal

材料（1人分）

イングリッシュ・マフィン … 1個
ゆで卵 … 1個
A「マヨネーズ … 大さじ1
　└塩・黒こしょう … 各少々
グリーンアスパラガス … 1本

作り方

① パンは横半分に切って、オーブントースターでカリカリに焼く。
② アスパラガスは2cm長さに切ってラップに包み、電子レンジで30〜40秒加熱する。ゆで卵はあらくきざみ、Aを混ぜる。アスパラガスも加えて、ざっと混ぜる。
③ パンに②をのせる。

朝からちょっぴりリッチな気分
生ハム・オープンサンド　188kcal

材料（1人分）

カンパーニュ … 2切れ（30g）
　バター … 少々
生ハム … 2枚（約20g）
ベビーリーフ … 10g
　フレンチドレッシング … 小さじ1
粉チーズ … 少々

作り方

① ベビーリーフはドレッシングであえる。
② パンはオーブントースターで軽く焼いて、バターをぬる。①と生ハムをのせ、粉チーズをふる。

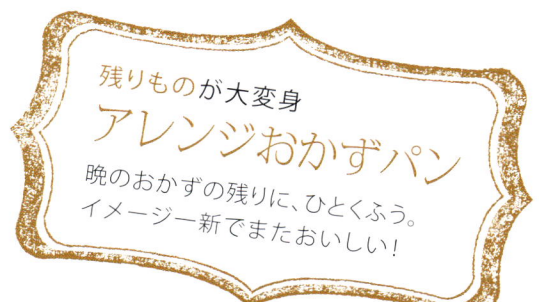

残りものが大変身
アレンジおかずパン
晩のおかずの残りに、ひとくふう。
イメージ一新でまたおいしい！

 ポテトサラダ

ポテサラ・サンド　270kcal

● 材料（1人分）

食パン（12枚切り）… 2枚
ポテトサラダ … 100g

● 作り方

パンにポテトサラダをはさむ。食べやすく切る。

 きんぴらごぼう

きんぴらチーズ・サンド　486kcal

● 材料（1人分）

パン … 2個
きんぴらごぼう … 50g
クリームチーズ … 2個（約40g）
サラダ菜 … 2枚

● 作り方

① クリームチーズは食べやすくちぎり、きんぴらとざっくりと混ぜ合わせる。
② パンに切りこみを入れ、サラダ菜と①をはさむ。

から揚げ

から揚げ・ピタサンド　440kcal

材料（1人分）

ピタパン … 1個
から揚げ … 2〜3個（約80g）
たまねぎ … 20g
黄パプリカ … 20g
　フレンチドレッシング … 大さじ1
サラダ菜 … 4枚

作り方

① たまねぎ、パプリカは薄切りにする。から揚げは大きければ食べやすく切る。
② 器に①を入れ、ラップをして電子レンジで約1分加熱する。ドレッシングをからめる。
③ ピタパンは半分に切り、ラップをして電子レンジで約30秒温める。サラダ菜と②を詰める。

クリームシチュー（ビーフでも）

シチュー・ポットパン　466kcal

材料（1人分）

丸型フランスパン … 小1個
クリームシチュー … 適量
粉チーズ … 小さじ1
パセリ（飾り用・あれば）… 少々

作り方

① シチューは温める。パンは上から1cmくらいを切り、中のパンをくりぬく（穴をあけないように）。
② シチューを入れ、粉チーズとパセリをふる。とり出したパンと一緒にオーブントースターに入れ、3〜4分焼く。シチューと一緒にパンを食べる。

食べるときに自由にはさむ
おまかせサンドイッチ

パンと具材だけを用意して、あとは食べる人におまかせ。
好きなものを自由にはさんで、パクパクどうぞ。

晩ごはんの残りのコロッケやハンバーグをはさむのもよし。
ジャムやフルーツでスイーツサンドにするもよし。
前の晩にはさむ具材を用意しておけば、
朝は冷蔵庫から出して食卓に並べるだけ!

「卵、どうする?」からはじまる朝。
卵料理のレパートリーがふえると、
朝ごはんがもっと楽しくなる。
定番の卵料理も、アレンジはさまざま。
今日は、どんな卵のおかず?

朝ごはんの定番
卵のおかず
パンにもごはんにも合う、
朝ごはんの強い味方。

表面はカリッ、中はもっちりのポテトがおいしい
ポテト・エッグ　162kcal

● 材料（1人分）

卵 … 1個
じゃがいも … 小1個（70g）
バター … 5g
塩・黒こしょう … 各少々

● 作り方

① じゃがいもは2〜3mm厚さの薄切りにする。
② フライパンにバターを中火で温め、①を入れる。焼き色がついたら裏返し、まん中をあけて卵を割り入れる。弱火にして2〜3分、卵が好みのかたさになるまで焼く。器に盛り、塩、こしょうをふる。

MENU
ルッコラとトマトのサラダ
バターロール
紅茶

MENU
- ミニトマト
- ヨーグルト&ジャム
- トースト&バター

牛乳とマヨネーズがふんわりと焼くコツ
ふんわりオムレツ　213kcal

● 材料（1人分）

卵 … 1個
A ┌ マヨネーズ … 大さじ½
　├ 牛乳 … 大さじ1
　└ 塩・こしょう … 各少々
たまねぎ … 20g
ピーマン … ½個
　サラダ油 … 小さじ1
バター … 5g

● 作り方

① たまねぎ、ピーマンはあらみじん切りにする。器に入れ、サラダ油を混ぜる。ラップをかけ、電子レンジで約1分加熱する。
② 卵はとき、Aを加えて混ぜる。①を加える。
③ フライパンにバターを温め、②を流し入れてオムレツを焼く。

MENU
ミニパン
コーヒー

チャチャッといためるだけ
卵とアスパラのいためもの　166kcal

● 材料（1人分）

卵…1個
ウィンナーソーセージ…1本
グリーンアスパラガス…1本
サラダ油…小さじ1

● 作り方

① アスパラガス、ソーセージは斜め薄切りにする。卵はとき、塩・こしょう各少々（材料外）を加える。
② フライパンに油を温め、アスパラガスを弱火で約1分いためる。ソーセージを加え、約1分いためる。
③ ②をフライパンの端に寄せ、卵を流し入れる。卵がほぼ固まったら火を止め、全体を大きく混ぜる。

MENU
ゆでブロッコリー
トースト＆ジャム

とろ〜リチーズが、あとをひくおいしさ
チーズ・スクランブルエッグ　183kcal

🍳 材料（1人分）

卵…1個
A ┌ ピザ用チーズ…15g
　└ 牛乳…大さじ1
バター…5g
黒こしょう…少々

🍳 作り方

① 卵はとき、Aを混ぜる。
② フライパンにバターを温め、①を流し入れる。大きく混ぜながら、好みのかたさになるまで加熱する（余熱でかたくなりやすいので、少し早めに火を止める）。皿に盛り、黒こしょうをふる。

MENU
トースト&クリームチーズ
キウイフルーツ

やさしい味わいの洋風茶碗蒸し

かんたんスフレ 173kcal

● 材料（1人分）

A ┌ 卵 … 1個
　├ 牛乳 … 50㎖
　└ 塩・こしょう … 各少々
ブロッコリー … 50g
にんじん … 20g
バター … 5g

● 作り方

① ブロッコリーは小房に分ける。にんじんは2〜3㎜厚さの半月切にする。
② 器に①を入れてバターをちぎってのせ、ふんわりとラップをして電子レンジで約1分加熱する。
③ Aはよく混ぜる。②に加えて混ぜ、ラップをもどして約2分加熱する。

フライパンひとつで完成！
パンmenu
パンとおかずを一緒に調理。作るのも、食べるのも、かたづけもらく。

たまねぎソースが本場アメリカ風
ホットドッグ　323kcal

🍳 材料（1人分）

ロールパン … 2個
ウィンナーソーセージ … 2本
たまねぎ … 30g
プリーツレタス … 1枚
トマトケチャップ … 大さじ½
粒マスタード … 少々

🍳 作り方

① パンは縦に切りこみを入れる。たまねぎはあらみじん切りにする。レタスは食べやすくちぎる。
② フライパンの手前側にサラダ油少々（材料外）を温め、たまねぎをいためる。パン、ソーセージも一緒に焼き、焼き色がついたらとり出す。たまねぎはしんなりしたら、ケチャップを加えて混ぜる。
③ パンにレタス、ソーセージをはさむ。たまねぎソースと粒マスタードをのせる。

大きめのフライパンでおかずとパンを一緒に調理

コンビーフのうま味を吸ったキャベツがおいしい
コンビーフ・ホットサンド 345kcal

● 材料（1人分）

食パン（12枚切り）… 2枚
　バター … 10g
コンビーフ … 1/2缶（50g）
キャベツ … 50g

● 作り方

① パンの片面に、それぞれバターをぬる。ぬった面を下にしてフライパンに入れ、焼き色がつくまで焼く（片面のみ）。とり出して、もう1枚も同様に焼く。
② キャベツは細切りにし、コンビーフといためる（油は不要）。
③ ①に②をはさむ。食べやすく切る。

ベーコンの塩気と卵のまろやかさが絶妙
ベーコンエッグ・マフィン　332kcal

● 材料（1人分）

イングリッシュマフィン … 1個
　バター … 5g
卵 … 1個
ベーコン … 1枚
プリーツレタス … 1枚

● 作り方

① パンは横半分に切る。ベーコンは長さを半分に切る。
② フライパンの端にサラダ油少々（材料外）を温め、弱火でベーコンを焼く。ベーコンの上に卵を割り入れ、空いたところでパンも焼く。卵は約1分焼いたら裏返し、好みのかたさになるまで焼く。
③ パンの内側にバターをぬり、レタス、ベーコンエッグをはさむ。

大きめのフライパンで
おかずとパンを一緒に調理

ベシャメルソース代わりに、さわやかヨーグルト
かんたんクロックムッシュ　467kcal

🍴 材料（1人分）

食パン（12枚切り）… 2枚
　バター … 10g
ハム … 2枚
A ┌ プレーンヨーグルト・牛乳 … 各大さじ2
　└ 塩・こしょう … 各少々
ピザ用チーズ … 30g
イタリアンパセリ（飾り用・あれば）… 少々

🍴 作り方

① Aを合わせる。パンの片面に、それぞれバターをぬる。
② バターをぬった面を下にしてフライパンに入れ、焼き色がつくまで焼く（片面のみ）。とり出して、もう1枚も同様に焼きはじめ、Aとハムを左の図のように重ねてパンとチーズをのせる。
③ ふたをして弱火で約1分加熱する。火を止め、余熱でチーズが溶けるまでおく。食べやすく切って器に盛り、パセリを飾る。

重ね方

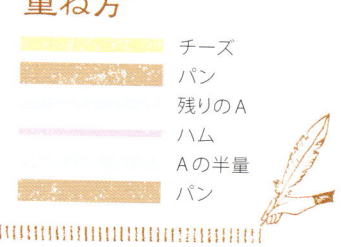

チーズ
パン
残りのA
ハム
Aの半量
パン

みんな大好き!
フレンチトースト

トースターで焼くと、表面カリッ、中はしっとり。しかも、手軽に作れる!

まずはシンプルに
厚切りフレンチトースト　238kcal

材料(1人分)
フランスパン … 4cm分(約40g)
A ┌ 卵 … 1個
　├ 砂糖 … 大さじ½
　└ 牛乳 … 大さじ1
(好みで)メープルシロップなど

作り方
① パンは片面に縦横に1〜2本、切りこみを入れる(しみこみやすくなる)。
② Aを合わせ、パンをひたす。上下を返し、切りこみを開くようにしながら卵液をしみこませる。
③ オーブントースターの受け皿にクッキングシートを敷き、②をのせる。焼き色がつくまで4〜5分焼く。

オーブントースターの受け皿から、クッキングシートがはみ出さないようにする
＊写真は2人分

フライパンで焼いても。バター少々を温め、両面を色よく焼く
＊写真は2人分

オレンジジュースでさわやかに
オレンジフレンチトースト　230kcal

材料(1人分)
フランスパン … 4cm分(約40g)
A ┌ 卵 … 1個
　├ 砂糖 … 大さじ½
　└ オレンジジュース … 大さじ2
(好みで)オレンジなど

作り方
① パンは厚さを半分に切り、十字に切りこみを入れる。
②③ →上と同様。

ミルクココアで濃厚に
ココアフレンチトースト　261kcal

材料(1人分)
フランスパン … 4cm分(約40g)
A ┌ 卵 … 1個
　├ 牛乳 … 大さじ2
　└ ミルクココア … 大さじ2
(好みで)粉糖、ミントの葉など

作り方
① パンは大きめのひと口大に切る。牛乳を電子レンジで約20秒温め、ココアをとく。
② Aを合わせ、パンをひたして全面にからめる。
③ →上と同様。

「おめざ」にぴったり！
スイーツ系トースト
甘党さんにおすすめ。
これで、朝の目覚めはバッチリ！

バター多めでしっとり、砂糖多めでカリカリに
シュガートースト
パンにバターをぬり、グラニュー糖をかけて焼く。

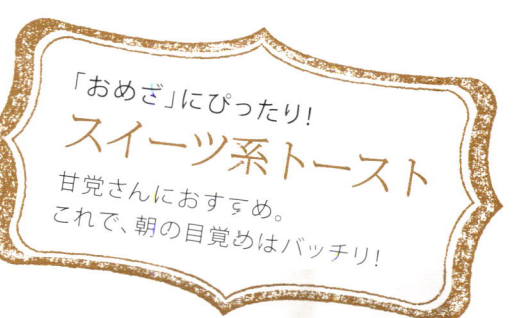

クリームチーズ多めがおすすめ
ブルーベリーチーズトースト
パン（全粒粉など）を焼き、クリームチーズとブルーベリージャムをぬる。

焼きバナナのとろっと感がおいしい
シナモンバナナトースト
パンにバターをぬり、バナナ（輪切り）をのせる。シナモンシュガー（シナモンパウダーとグラニュー糖を同量で混ぜても）をかけて焼く。

チーズのしょっぱさとジャムの甘みがマッチ
カマンベールいちごトースト
パン（全粒粉など）に、カマンベールチーズといちごジャムをのせて焼く。

SOUP

> マグカップで作れる
> 1人分スープ

トマトスープ　34kcal

■ 材料（1人分）
トマト … 小1/2個（75g）
たまねぎ … 10g
オリーブ油 … 少々
スープの素 … 小さじ1/2
湯 … 150㎖

■ 作り方
① トマトは1㎝角のざく切りにする。たまねぎは2～3㎝長さの薄切りにする。
② カップに材料全部を入れ、電子レンジで約2分加熱する。塩・黒こしょう各少々（材料外）で味をととのえる。

ツナとレタスのスープ　120kcal

■ 材料（1人分）
ツナ缶詰 … 小1/2缶（40g）
レタス … 1～2枚（40g）
ミニトマト … 2個
A ┌ 水 … 150㎖
　└ しょうゆ … 小さじ1/4

■ 作り方
① レタスは食べやすくちぎり、ミニトマトは半分に切る。
② カップに①とツナを汁ごと入れ、Aを加える。電子レンジで約2分加熱する。塩少々（材料外）で味をととのえる。

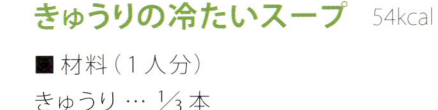

きゅうりの冷たいスープ　54kcal

■ 材料（1人分）
きゅうり … 1/3本
A ┌ プレーンヨーグルト … 大さじ3
　│ 冷水 … 大さじ2
　└ 塩 … 小さじ1/8
B ┌ オリーブ油 … 小さじ1/2
　└ 黒こしょう … 少々

■ 作り方
① きゅうりは5㎜角に切る。
② カップにAを合わせ、きゅうりを混ぜる。Bをふる。

鍋でささっと作れる
2人分スープ

きのこのミルクスープ　1人分／164kcal

■ 材料（2人分）
しめじ … 1パック（100g）
たまねぎ … ¼個（50g）
バター … 10g
A ┌ 牛乳 … 300㎖
　│ スープの素 … 小さじ1
　└ こしょう … 少々

■ 作り方
① しめじは小房に分ける。たまねぎは薄切りにする。
② 鍋にバターを温め、たまねぎをいためる。しんなりしたら、しめじを加えていためる。
③ Aを加え、沸とうする直前まで温め、火を止める。

キャベツのカレースープ　1人分／72kcal

■ 材料（2人分）
キャベツ … 60g
たまねぎ … 20g
ミックスビーンズ（サラダ用・水煮）… 50g
A ┌ 水 … 200㎖
　│ スープの素 … 小さじ1
　└ カレー粉 … 小さじ½
バター … 5g

■ 作り方
① キャベツはひと口大に切り、たまねぎは薄切りにする。
② 鍋に①と豆、Aを入れ、ふたをして中火で3〜4分煮る。しあげにバターを入れて、火を止める。

ごま風味の豆乳スープ　1人分／103kcal

■ 材料（2人分）
ブロッコリー … 50g
豆乳 … 300㎖
スープの素 … 小さじ1
白すりごま … 大さじ1½

■ 作り方
① ブロッコリーは小房に分ける。
② 鍋に①と半量の豆乳、スープの素を入れ、中火で1〜2分煮る。
③ 残りの豆乳とすりごまを加え、沸とうする直前まで温め、火を止める。塩・こしょう各少々（材料外）で味をととのえる。

朝ごはんアイディア ②

作っておくと、安心・便利
作りおきできる朝ごはん

{ いろいろ野菜のミニおかず3種 }

時間がない朝も、
野菜はしっかり食べたいもの。
日もちがする野菜のミニおかずを作っておくと、
すぐに食べられて安心・便利。
ほかの野菜にかえても作れるので、
冷蔵庫の残り野菜の一掃にもなって一石二鳥。
もちろん、ふだんのごはんにも。

レモンの風味がおいしい
野菜のドレッシング漬け　193kcal

日持ち5日

● 材料（作りやすい量）

【野菜なんでも合わせて250g】
- きゅうり … 1本（100g）
- 黄パプリカ … 1/2個（80g）
- ミニトマト … 5〜6個（70g）

たまねぎ … 1/4個（50g）
セロリ … 1/2本（50g）
レモン（輪切り） … 2枚
フレンチドレッシング … 大さじ4

● 作り方

① きゅうりは1cm幅の輪切り、パプリカはひと口大、ミニトマトは半分に、たまねぎとセロリは薄切りにする。
② ①とレモンを保存容器かポリ袋に入れ、ドレッシングをかけて全体をよく混ぜる。5分以上おくと、食べられる。

＜ほかのおすすめ野菜＞

ヨーグルトの酸味がさわやか

野菜のヨーグルトみそ漬け　72kcal

（日持ち5日）

🍳 材料（作りやすい量）

【野菜なんでも合わせて150g】
- にんじん … 50g
- きゅうり … 1/2本（50g）
- セロリ … 1/2本（50g）

塩 … 小さじ1/4

A
- プレーンヨーグルト … 50g
- みそ … 大さじ1/2

🍴 作り方

① 野菜は7〜8mm厚さのひと口大に切る。塩をふって約10分おき、水気をきる。
② 保存容器かポリ袋にAを合わせ、①を漬ける。30分後から食べられる。

＜ほかのおすすめ野菜＞

ごはんの友に

野菜のしょうゆ漬け　94kcal

（日持ち5日）

🍳 材料（作りやすい量）

【野菜なんでも合わせて300g】
- だいこん … 300g

こんぶ … 5cm

A
- しょうゆ … 大さじ1 1/2
- 酒 … 大さじ1
- 酢 … 大さじ1/2
- みりん … 大さじ1/2

🍴 作り方

① 野菜は7〜8mm厚さの食べやすい大きさに切る。こんぶは4〜5mm幅にはさみで切る。
② ポリ袋にAを合わせ、①を入れる。時々、袋の上からもんでなじませて、1時間以上おく（よく漬かったら保存容器に移しても）。

＜ほかのおすすめ野菜＞

朝ごはん
アイディア
②

{ 野菜のディップソース3種 }

トマトソース

アボカドディップ

コーンマヨソース

朝ごはんの野菜は、
ディップソースで食べるのもおすすめ。
紹介する食べ方は、ほんの一例。
自分だけのオリジナルを見つけてみて。

パンやクラッカーに　　パンにのせて焼いても

トマト缶が余ったときに作っても
トマトソース　118kcal

● 材料（作りやすい量）

トマト水煮缶詰 … 1/2缶（200g）
たまねぎ … 1/4個（50g）
オリーブ油 … 大さじ1/2
A ┌ 乾燥ハーブミックス … 小さじ1/3
　│ 塩 … 小さじ1/6
　└ こしょう … 少々

日持ち 3日

● 作り方

① たまねぎはみじん切りにする。
② 鍋にオリーブ油を温め、たまねぎをしんなりするまでいためる。
③ トマト缶を加えて混ぜ、中火で5〜6分煮つめる（途中で何回かかき混ぜる）。Aを加え、味をととのえる。

たまねぎとピクルスが味の決め手
コーンマヨソース　459kcal

● 材料（作りやすい量）

コーン缶詰 … 小1缶（130g）
たまねぎ … 30g
ピクルス（きゅうり） … 小2本（30g）
A ┌ マヨネーズ … 大さじ4
　│ 塩 … 小さじ1/8
　└ 黒こしょう … 少々

日持ち 3日

● 作り方

① たまねぎ、ピクルスはみじん切りにする。
② 材料全部をよく混ぜる。

ヨーグルト入りでさわやか&ヘルシー
アボカドディップ　308kcal

● 材料（作りやすい量）

アボカド … 1個
　レモン汁 … 小さじ1
A ┌ プレーンヨーグルト … 50g
　│ 塩 … 小さじ1/4
　└ 粒マスタード … 小さじ1

日持ち 3日

● 作り方

① アボカドは半分に切って種をとり、皮をむく。レモン汁をかけ、フォークなどでつぶす。
② Aを加えてよく混ぜる。

*表面が空気に触れないように、ラップをぴったり密着させて保存（変色防止）。

スティックサラダに 　　ゆで野菜にかけて 　　卵料理に 　　パスタに

Breakfast :Idea

朝ごはん
アイデイア
2

{ フルーツのディップソース3種 }

グレープフルーツ・マリネ

りんごのシロップ煮

ナッツとドライフルーツのハニー漬け

朝はフルーツで目覚めたい、
食欲がなくてもフルーツなら食べられそう。
そんな人におすすめな、
作りおけるちょっぴり甘めなフルーツソース。

ヨーグルトに 　　　パンに

薄皮ごとおいしく食べられ、食物せんいもとれる
グレープフルーツ・マリネ 221kcal

日持ち 3日

● 材料（作りやすい量）
グレープフルーツ* … 2個
砂糖 … 大さじ1 1/2
レモン汁 … 大さじ1

*写真は、ホワイト・ルビー各1個

● 作り方
① グレープフルーツは包丁で皮をむく。種と白い芯をざっととり除きながら、1.5cm角に切る。
② 保存容器に材料全部を入れ、軽く混ぜる。

ドライフルーツの風味がはちみつにも
ナッツとドライフルーツのハニー漬け 767kcal

日持ち 2週間

● 材料（作りやすい量）
ミックスナッツ（無塩・ロースト）
　　… 50g
ドライフルーツミックス … 50g
はちみつ … 適量

● 作り方
保存瓶にナッツとドライフルーツを入れて軽く混ぜる。全体がひたるまで、はちみつを入れる。

電子レンジで作れる
りんごのシロップ煮 232kcal

日持ち 3日

● 材料（作りやすい量）
りんご … 1個（300g）
A ┌ 砂糖 … 大さじ3
　└ レモン汁 … 大さじ1/2

● 作り方
① りんごは皮をむき、2〜3mm厚さのいちょう切りにする。
② 器に入れてAをふり、電子レンジで約4分加熱する。全体を混ぜて約4分加熱し、再び混ぜて約4分、汁気がなくなるまで加熱する（ラップなし）。

シリアルに　　フレンチトーストに　　パンケーキに　　チーズやクラッカーに

ごはん派

腹もちよし、なによりヘルシー。
根強い人気の、お米のごはん。

ごはんを食べたいけど、
おかずを作るのがたいへんそう…
そんな悩みを解決する、かんたんレシピばかり。

朝はやっぱりごはん、という人は必見！

047 Breakfast:Rice

TKGこと、卵かけごはん

あったかごはんに卵をのせて、かっこむ。それだけで、おいしい。

ひとくふう

卵とごはんによく合う、専用だれを手づくりして、しょうゆの代わりに。
あえものや煮ものなどにも使える、スグレモノ。

うま味をひき出す
自家製卵かけしょうゆ

材料（できあがり量約150㎖）

しょうゆ…100㎖
砂糖…大さじ½
みりん…大さじ2
酒…大さじ2
けずりかつお…2パック（6g）

作り方

小鍋にすべての材料を入れ、中火にかける。沸とうしたらごく弱火にし、4～5分煮る（ふたはしない）。目の細かいざるでこして、冷蔵保存する。
＊めんつゆとして、煮ものなどにも使える。
＊冷蔵で約2週間保存できる。

ごはんにかける卵は、とき卵でも卵黄だけでもお好みで。
卵黄だけ使って卵白が残ったときは、ささっともう1品！
スープに入れたり、野菜といためたり、むだなく食べきろう。
※卵白は冷蔵で翌日まで、冷凍で約1週間保存OK。

ひとくふう

シンプルに卵とごはん、もおいしいけれど、
トッピングでひと味変えても、またおいしい!

1	2
3	4

1 しその風味とぽん酢でさっぱり
しそぽんTKG
けずりかつおと卵、しその葉をちぎってのせ、ぽん酢しょうゆ少々をかける。

2 韓国のりの香りが食欲をそそる
韓国のりTKG
卵とごま、韓国のりをちぎってのせ、塩少々をふる。

3 ヘルシーで、やさしいおいしさ
とうふのっけTKG
とうふは電子レンジで温め、軽くくずしてのせる。卵と万能ねぎ（小口切り）をのせ、しょうゆ少々をかける。

4 ザーサイの食感としょっぱさが卵とよく合う
ザーサイのっけTKG
卵と、味つけザーサイをきざんでのせ、ごま油・しょうゆ各少々をかける。

フツフツ

1 しらす干しのほのかな塩気がおいしい
納豆しらす丼
納豆（たれとからしを混ぜる）、しらす干しをのせ、きざみのりをのせる。

2 しっかり味で、目覚める
めんたい高菜丼
めんたいこ、高菜漬けをのせ、白いりごまをふる。

4 マヨネーズ多めが、ポイント
ツナマヨ丼
スプラウトと、多めのマヨネーズであえたツナをのせ、しょうゆ少々をかける。

5 アツアツごはんで溶けたバターがおいしい
かにかまコーンバター丼
ほぐしたかにかまとコーン、バターをのせ、しょうゆ少々をかける。

適量のせるだけ
のっけ丼

あったかごはんに、適量のせれば完成。
味つけは、食べながら。

|1|2|3|
|4|5|6|

3 魚が食べたい、そんなときはコレ
魚かば焼き丼

かば焼き缶詰（いわし、さんまなど）、しば漬け、万能ねぎをのせる。

6 ぽん酢でさっぱり
オイルサーディン丼

オイルサーディン、万能ねぎ（小口切り）をのせ、七味とうがらし・ぽん酢しょうゆ各少々をかける。

食べごたえあり！
かんたん丼
電子レンジや
フライパンひとつで完成。

調味いらずでお手軽
なめたけ卵丼　344kcal

🍳 材料（1人分）

A ┌ 卵 … 1個
　├ なめたけ（汁ごと）… 20g
　└ 水 … 大さじ1
みず菜 … 20g
焼きのり … 1/4枚
しょうゆ … 少々
ごはん … 150g

🍳 作り方

① 器にAを入れてよく混ぜる。ふんわりとラップをして、電子レンジで約1分加熱する。とり出して混ぜる。
② みず菜は2cm長さのざく切りにする（キッチンばさみ可）。のりはちぎる。一緒にしょうゆであえる。
③ ごはんに①と②をのせる。

そぼろは作りおきできて便利
ツナそぼろ丼　352kcal

🍳 材料（1人分）

＜ツナそぼろ*＞
ツナ缶詰…小1缶（80g）
A ┌ 砂糖…小さじ2
　└ 塩…少々
*ツナそぼろは2食分。冷蔵で3日、冷凍で約2週間保存OK
さやえんどう…3枚
紅しょうが…少々
ごはん…150g

🍳 作り方

① ツナは汁気をきって器に入れ、Aを加えて混ぜる。ふんわりとラップをし、電子レンジで2分〜2分30秒加熱する（パチパチとはじけるので注意）。よく混ぜてパラパラの状態にする。
② さやえんどうは筋をとり、ラップに包んで約20秒加熱する。斜め細切りにする（キッチンばさみ可）。
③ ごはんに①②と紅しょうがをのせる。

まな板いらずで手早く作れる
てり焼きちくわ丼　369kcal

🍚 材料（1人分）

ちくわ … 小2本（50g）
ししとうがらし … 3本
A ┌ めんつゆ（3倍濃縮）… 大さじ½
　└ 水 … 大さじ1
ごま油 … 小さじ1
焼きのり … 適量
白いりごま … 小さじ½
ごはん … 150g

🍳 作り方

① ちくわはキッチンばさみで縦半分に切る。
② フライパンにごま油を温め、ちくわとししとうを入れて中火でいためる。ししとうだけをとり出し、Aを加えてちくわにからめる。
③ ごはんにのりをちぎってのせる。②をのせ、ごまをふる。

ケチャップ味はごはんとも相性よし
ナポリタン丼　395kcal

🍚 材料（1人分）

ウィンナーソーセージ … 2本
たまねぎ … 20g
ピーマン … 小1個
サラダ油 … 少々
A ┌ トマトケチャップ … 大さじ½
　└ しょうゆ … 少々
粉チーズ … 少々
ごはん … 150g

🍳 作り方

① たまねぎ、ピーマンはひと口大に、ソーセージは斜め3つに切る。
② フライパンに油を温め、たまねぎ、ソーセージをいためる。ピーマンを加えてさっといためる。Aを加え、ひと混ぜして火を止める。
③ ごはんに②をのせ、粉チーズをかける。

Breakfast :Rice 054

朝はしっかり派におすすめ

ごはんmenu

あっという間に作れる、
献立形式の朝ごはん。

甘から味でごはんがすすむ
さつま揚げのてり煮　1人分／104kcal

🍳 材料（2人分）

さつま揚げ … 4枚（100g）
さやいんげん … 4本
しめじ … 1/2パック（50g）
A ┌ 砂糖・しょうゆ・酒 … 各小さじ1
　└ 水 … 50㎖
ごま油 … 小さじ1

🍳 作り方

① さやいんげんは3㎝長さに切る。しめじは根元を切って小房に分ける（キッチンばさみ可）。Aは合わせる。
② フライパンにごま油を温め、さつま揚げ、いんげん、しめじを軽くいためる。Aを加え、汁気がなくなるまで混ぜながら煮る。

MENU
トマトとしらすのぽん酢がけ
自家製インスタントすまし汁
ごはん

トマトとしらすのぽん酢がけ（2人分）1人分／31kcal
器2つにトマト1個（食べやすく切る）を半量ずつ盛り、しらす干しを大さじ1ずつのせる。ぽん酢しょうゆ少々をかける。

自家製インスタントすまし汁（2人分）1人分／7kcal
椀2つにそれぞれ、とろろこんぶをひとつまみと梅干し小1個を入れ、熱湯150㎖をそそぐ。しょうゆ少々で味をととのえる。

MENU
トマトとみず菜のサラダ
塩むすび

トマトとみず菜のサラダ（2人分）1人分／40kcal
みず菜50gはざく切りに、トマト小1個は角切りにする。合わせて好みのドレッシング適量であえる。

オーブントースターにおまかせ
はんぺんのチーズ焼き　1人分／118kcal

● 材料（2人分）

はんぺん … 小2枚（110g）
スライスチーズ … 2枚
万能ねぎ（小口切り）… 1本
しょうゆ … 少々

● 作り方

① はんぺんにスライスチーズをのせて食べやすく切る。
② アルミホイルにサラダ油少々（材料外）を薄くぬる。①をのせ、オーブントースターで4〜5分焼く。
③ 器に盛り、しょうゆをかけてねぎを散らす。

MENU
にんじんサラダ
ごはん

にんじんサラダ（2人分）1人分／29kcal
にんじん50gは皮むき器で薄切りにする。好みのドレッシング大さじ1であえて約5分おく（途中で混ぜる）。

朝からがっつりソース味
野菜の巣ごもり卵　1人分／101kcal

● 材料（2人分）

卵 … 2個
キャベツ … 80g
ピーマン … 小1個
サラダ油 … 少々
ソース … 適量

● 作り方

① キャベツとピーマンは細切りにする。
② フライパンに油を温め、①を軽くいためる。塩・こしょう各少々（材料外）をふる。
③ 野菜を平らにし、まん中に卵を割り入れて約1分焼く。水大さじ2（材料外）をふってふたをする。卵が好みのかたさになるまで、中火で1〜2分加熱する。器に盛り、ソースをかける。

MENU

自家製インスタント
　　　わかめスープ

雑穀ごはん

自家製インスタントわかめスープ（2人分）1人分／5kcal
器2つにそれぞれ、カットわかめをひとつまみと、白いりごま少々、スープの素小さじ½を入れ、熱湯150㎖をそそぐ。塩・こしょう各少々で味をととのえる。

ジャッといためるだけ
生揚げのぽん酢いため　1人分／234kcal

材料（2人分）

生揚げ … 1枚（250g）
かいわれだいこん … ½パック（20g）
サラダ油 … 大さじ½
ぽん酢しょうゆ … 大さじ2
けずりかつお … 1パック（3g）

作り方

① 生揚げは1.5cm角に切る。かいわれは根元を落とし、長さを半分に切る。
② フライパンに油を温め、生揚げを軽くいためる。ぽん酢しょうゆを回し入れて、火を止める。
③ 器に盛り、けずりかつお、かいわれをのせる。

MENU
- きゅうりのゆかりあえ
- ごはん

きゅうりのゆかりあえ（2人分）1人分／8kcal
きゅうり1本は7〜8mm厚さの小口切りにし、塩小さじ1/6をまぶして約5分おく。水でさっと洗い、ゆかり小さじ1/3をまぶす。

電子レンジで手軽に
油揚げの卵とじ　1人分／139kcal

🌼 材料（2人分）
卵 … 2個
油揚げ … 1枚
ねぎ … 20cm
A ┌ めんつゆ（3倍濃縮）… 大さじ1 1/2
　└ 水 … 大さじ3
（好みで）七味とうがらし … 少々

🌼 作り方
① 油揚げは熱湯をかけて油抜きをし、3cm角に切る。ねぎは3〜4cm長さの斜め薄切りにする。
② 器にAを合わせて①を入れ、ラップをして電子レンジで約1分加熱する。
③ 卵をときほぐして②に加える。ラップをもどし、電子レンジで約2分、卵が好みのかたさになるまで加熱する。
④ 器に盛り、七味とうがらしをふる。

MENU
- キャベツの塩こんぶあえ
- 自家製インスタントみそ汁
- 雑穀ごはん

キャベツの塩こんぶあえ（2人分）1人分／14kcal
キャベツ100gは細切りにする。ポリ袋に入れ、塩こんぶをひとつまみ（約5g）加え、約5分おく（途中で1〜2回、袋の上からもむ）。汁気をしぼって盛る。

自家製インスタントみそ汁（2人分）1人分／35kcal
椀2つにそれぞれ、麸5個、万能ねぎ（1〜2cm長さ）少々、みそ小さじ2とけずりかつお1/2パック（約2g）を入れ、熱湯150mlをそそぐ。

電子レンジで手軽に
高野どうふの煮もの　1人分／69kcal

● 材料（2人分）

高野どうふ … 小6個*（約20g）
にんじん … 50g
さやえんどう … 6枚
A ┌ めんつゆ（3倍濃縮）… 小さじ2
　└ 水 … 150ml

*水でもどさずに使うひと口サイズのもの

● 作り方

① にんじんは4〜5mm厚さの半月切りにする。さやえんどうは筋をとる。
② 深めの器にAと高野どうふ、にんじんを入れ、ラップをして電子レンジで約3分30秒加熱する。とり出して上下を返す。さやえんどうを加え、ラップをもどして約1分加熱する。

MENU
チンゲンサイの煮びたし
ゆかりごはん

チンゲンサイの煮びたし（2人分）1人分／25kcal
チンゲンサイ1株（120g）は2〜3cm長さのざく切りにする。鍋にサラダ油少々を温め、さっといためる。しょうゆ・みりん・水各小さじ1を合わせて加え、けずりかつお½パック（約2g）を加える。弱めの中火で1〜2分いため煮にする。

トースターで焼くからかんたん
生揚げのみそ焼き　1人分／221kcal

● 材料（2人分）

生揚げ … 1枚（250g）
A ┌ みそ … 大さじ1
　├ みりん … 小さじ1
　└ 白いりごま … 小さじ2

● 作り方

① 生揚げは食べやすく切る。Aは合わせる。
② 生揚げにAをぬり、オーブントースターで4〜5分、焼き色がつくまで焼く。

軽く食べたいときは
スープごはん
少量、でも満足感あり。
お夜食にもおすすめ。

トマトジュースで作る
かんたんトマトリゾット　291kcal

🍳 材料（1人分）

A ┌ ごはん … 120g
　├ 有塩トマトジュース … 50㎖
　├ 水 … 100㎖
　└ バター … 5g
粉チーズ … 大さじ1½
塩・黒こしょう … 各少々
バジル（飾り用・あれば）… 少々

🍳 作り方

① 器にAを入れてよく混ぜる。ふんわりとラップをして、電子レンジで約3分30秒加熱する。
② 粉チーズを加えてよく混ぜ、塩、黒こしょうで味をととのえる。器に盛り、バジルを飾る。

あっさり味。粉チーズをふると濃厚に
おとし卵の洋風おじや　306kcal

🍳 材料（1人分）

A ┌ ごはん … 120g
　├ ミックスベジタブル … 大さじ3（30g）
　├ スープの素 … 小さじ½
　├ 塩 … 小さじ⅛
　├ こしょう … 少々
　└ 水 … 150㎖
卵 … 1個
パセリ … 少々

🍳 作り方

① 器にAを入れてよく混ぜる。ふんわりとラップをして、電子レンジで約3分加熱する。
② とり出して卵を割り入れ、竹串などで黄身をひと刺しする（破裂防止のため）。ラップをもどして1分〜1分30秒、卵が好みのかたさになるまで加熱する。パセリをちぎってのせる。

だしいらずの
卵ぞうすい　299kcal

🍳 材料（1人分）

ごはん … 120g
A ┌ けずりかつお … 1パック（3g）
　├ 塩 … 小さじ1/6
　└ しょうゆ … 小さじ1/2
卵 … 1個
＜薬味＞
万能ねぎ（小口切り）… 1本
梅干し … 1個

🍳 作り方

① 鍋に水200mℓ（材料外）を沸とうさせ、ごはんを加えてほぐし、約1分煮る。Aを加えて混ぜる。
② 卵はときほぐし、鍋に加えて軽く混ぜる。器に盛り、薬味をのせる。

ほんのり甘く、子どもや女子に人気
かぼちゃリゾット　334kcal

🍳 材料（1人分）

ごはん … 120g
冷凍かぼちゃ* … 大1切れ（50g）
たまねぎ … 30g
ベーコン … 1/2枚
A ┌ 水 … 150mℓ
　└ スープの素 … 小さじ1/2
牛乳 … 50mℓ
塩・こしょう … 各少々

*生のかぼちゃでも。食べやすく切り、電子レンジで加熱して使う

🍳 作り方

① たまねぎは2cm長さの薄切りにする。ベーコンは1cm角に切る。
② 鍋にベーコンを入れ、弱火でいためる。脂が出てきたら、たまねぎを加え、しんなりするまでいためる。
③ ごはん、かぼちゃ（凍ったまま）、Aを加え、弱めの中火で約5分煮る。途中、へらなどでかぼちゃをあらくつぶす。
④ 鍋に牛乳を加えて混ぜ、ひと煮立ちしたら塩、こしょうで味をととのえる。

ほんとにかんたん!
朝ごはん茶漬け
のせるものも、かけるものも適量。食欲がない朝も、これなら食べられそう。

1	2	3
4	5	6

1 塩こんぶでだしいらず
梅こんぶ茶漬け
梅干し、塩こんぶと、しその葉をちぎってのせ、熱湯をかける。

4 つくだ煮の甘みとかいわれの辛みがよく合う
つくだ煮茶漬け
好みのつくだ煮*、かいわれだいこんをのせ、温かいお茶をかける。
*写真はあさりの時雨煮

2 塩ざけは、少ししょっぱめがおいしい
焼きざけのだし茶漬け

ほぐした焼きざけ、練りわさび少々、白いりごまをのせ、温かいだしをかける。

3 たらこの焼き加減は、半生くらいがおすすめ
焼きたらこ茶漬け

焼きたらこ、みつば(あらくきざむ)、きざみのりをのせ、温かいお茶をかける。

5 さっぱり上品な味
とうふのだし茶漬け

細かく切った絹ごしどうふと、万能ねぎをごはんにのせる。塩・しょうゆ各少々で調味した温かいだしをかける。

6 暑〜い夏の朝にぴったり
冷やし茶漬け

好みの漬けもの*を細かくきざんでのせ、冷たいお茶**をかける。

*写真は、しば漬け、たくあん、きゅうり　**麦茶、緑茶など、お好みで

065 Breakfast :Rice

MISO SOUP

あさりのみそ汁　1人分／23kcal

■ 材料（2人分）
あさり（殻つき・砂抜き済み）… 120g
万能ねぎ（小口切り）… 5㎝
みそ … 大さじ1
水 … 300㎖

■ 作り方
① 鍋に分量の水とあさりを入れ、中火にかける。
② 沸とうして貝の口が開いたら弱火にする。
③ みそを溶き入れ、沸とうする直前に火を止め、椀に盛って万能ねぎを散らす。

こまつなととうふのみそ汁　1人分／46kcal

■ 材料（2人分）
だし … 300㎖
みそ … 大さじ1強
こまつな … 50g
とうふ … 小1/2丁（70g）

■ 作り方
① こまつなは2〜3㎝長さに切る。
② 鍋にだしを温め、沸とうしたらこまつなを加えて約1分煮る。とうふをスプーンですくって加え、さっと煮る。
③ みそを溶き入れ、沸とうする直前に火を止める。

だいこんと油揚げのみそ汁　1人分／53kcal

■ 材料（2人分）
だし … 300㎖
みそ … 大さじ1強
だいこん（4㎝長さ）… 80g
油揚げ … 1/2枚

■ 作り方
① だいこんは5㎜幅の細切りにする。油揚げは横半分に切って5㎜幅に切る。
② 鍋にだしとだいこんを入れ、中火で2〜3分煮る。だいこんがやわらかくなったら、油揚げを加えて約1分煮る。
③ みそを溶き入れ、沸とうする直前に火を止める。

"時短テク①" あさりの砂抜きは前の晩から

【砂抜き】塩分3%の塩水（水200mlに塩小さじ1の割合、あさりが半分ひたる程度）に入れる。ふたをずらしてかぶせ、暗くて静かなところに2～3時間以上置く。「砂抜き済み」のものも軽く砂抜きすると安心。

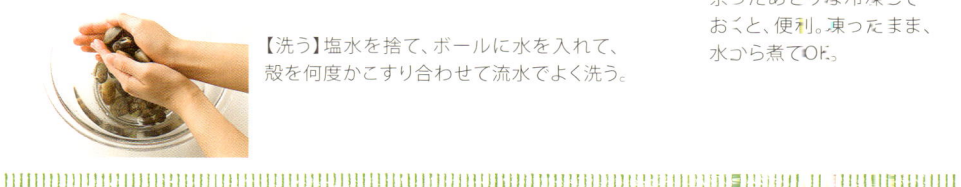

【洗う】塩水を捨て、ボールに水を入れて、殻を何度かこすり合わせて流水でよく洗う。

"時短テク②" 砂抜きをして冷凍

まとめて砂抜きをして、余ったあさりは冷凍しておくと、便利。凍ったまま、水から煮てOK。

朝のみそ汁づくり・時短テク

朝はやっぱり、ごはんとみそ汁。
という人におすすめなのが、前の晩のひと作業。
こうしておけば、あっという間に、
おいしいみそ汁のできあがり。
下ごしらえした具やだしの保存は、冷蔵庫が安心。

具を切って準備しておく。

だいこんやじゃがいもなど、煮えにくい具は、電子レンジで加熱しておく。

だしをとっておく。とっただしは、空のペットボトルなどに入れて保存（冷蔵で2日）。

みそ汁の基本「だし」をとろう！

かつおだし
…汁ものや煮ものなど、いろいろな料理に使えるだし

■基本分量（できあがり量約300ml）

水 … 350ml
けずりかつお … 6g

① 分量の湯をわかし、沸とうしたらけずりかつおを入れる。

② 再び沸とうしたら、火を止める。そのまま1～2分おく。

③ 目の細かいざるでこす。生ぐささが出るので、だしがらはしぼらない。

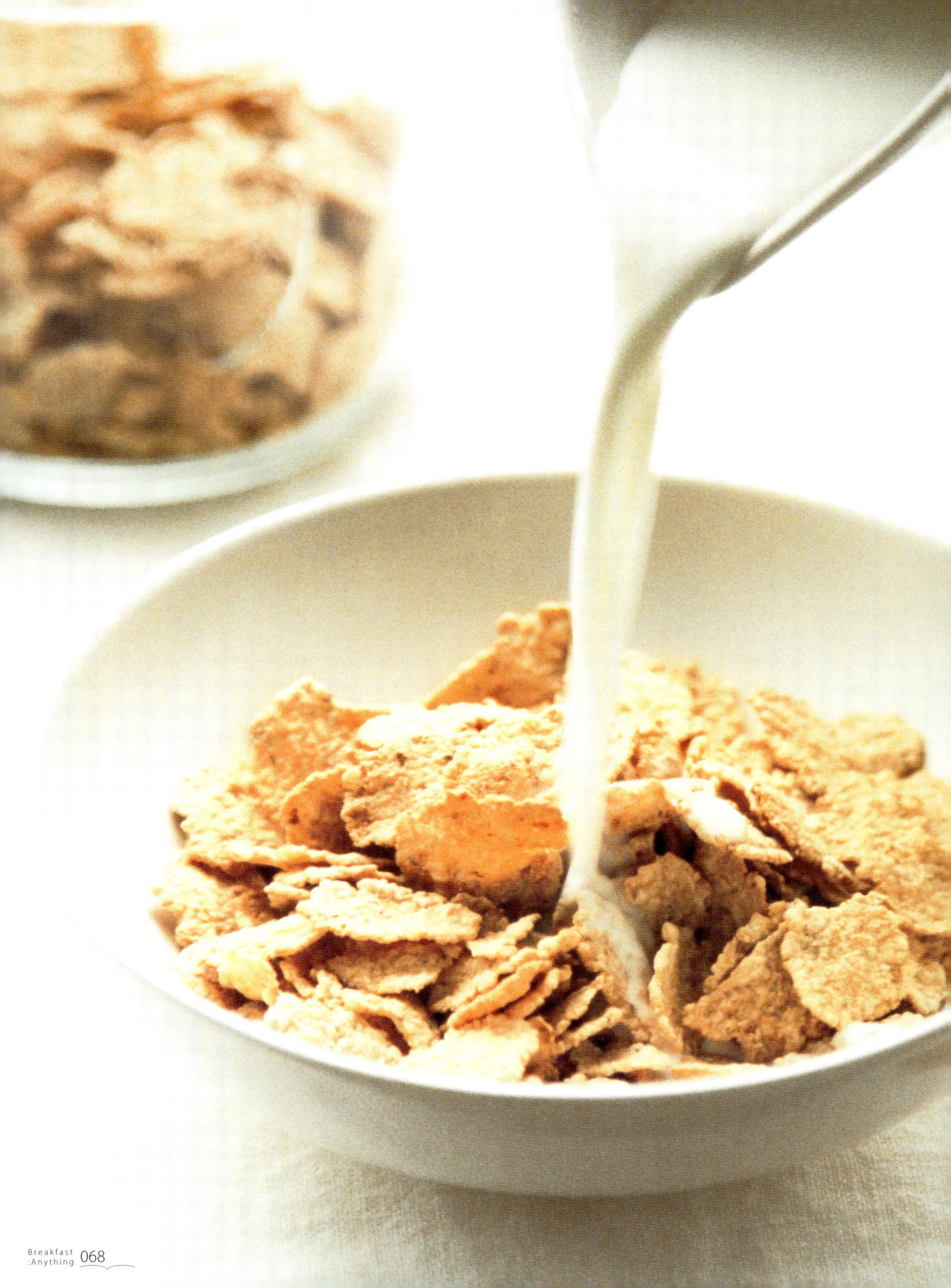

気まま派

今日は、パンもごはんもなんかちがう…。

「えっ、朝から!?」というような、
ちょっぴり風変わりな朝ごはんでも、
手軽でおいしければ、それでよし!

いつもとはちがう朝ごはんを食べると、
いつもとはちがう1日がスタートできそう。

おかずと主食が合体
おかずごはん
具だくさんで、これ1品で大満足。
作るのも食べるのも、かんたん早い!

フライパンでいためるだけ
バゲットのトマトチーズ焼き　1人分／354kcal

材料（2人分）

バゲット … 120g（約12㎝）
オリーブ油 … 大さじ1
ミニトマト … 6個
ピザ用チーズ … 60g
塩・こしょう … 各少々
パセリ … 少々

作り方

① パンは2〜3㎝角に、ミニトマトは縦に4つに切る。
② フライパンにオリーブ油を中火で温め、パンを入れる。時々返しながら、焼き色をつける。
③ 塩、こしょうをふり、ミニトマトとチーズを加える。ふたをして中火で約30秒加熱し、火を止める。少しおいて、余熱でチーズが溶けたら皿に盛り、パセリを飾る。

ベーコンはトースターで焼くから手軽
バゲットサラダ　1人分／326kcal

材料（2人分）

バゲット … 100g（約10cm）
ベーコン … 2枚
温泉卵 … 2個
ほうれんそう（サラダ用）… 1袋（50g）
フレンチドレッシング … 大さじ1＊

＊作るなら、酢小さじ1＋サラダ油小さじ2＋塩・こしょう各少々をよく混ぜる。

作り方

① バゲット、ベーコンはひと口大に切る。バゲットの上にベーコンをのせ、オーブントースターで3〜4分焼く。
② ほうれんそうは食べやすく切る。①と一緒に器に盛り、卵を割ってのせる。ドレッシングをかける。

チーズトーストをのせる
かんたんオニオングラタンスープ
1人分／181kcal

材料（2人分）

バゲット（3cm厚さ）… 2切れ
たまねぎ … ½個（100g）
バター … 10g
A ┌ 水 … 300ml
　├ スープの素 … 小さじ1
　└ 塩 … 少々
ピザ用チーズ … 20g
黒こしょう … 少々

作り方

① たまねぎは薄切りにする。鍋にバターを温め、たまねぎを入れて強〜中火で軽く色づくまで約5分いためる。Aを加え、1〜2分煮る。
② バゲットにチーズを半量ずつのせ、オーブントースターでチーズが溶けるまで焼く。
③ 器に①と②を入れる。黒こしょうをふる。

卵、ごはん、野菜を混ぜて焼く
ライスオムレツ　1人分／319kcal

● 材料（2人分）

ごはん … 200g
卵 … 2個
A ┌ ミックスベジタブル … 50g
　│ 粉チーズ … 大さじ1
　│ 塩 … 小さじ¼
　└ こしょう … 少々
バター … 10g
サラダ菜 … 4枚

● 作り方

① ミックスベジタブルは熱湯をかけて解凍する。卵はときほぐし、ごはんとAを加えて混ぜる。
② フライパンにバターの半量を温め、①を4等分して丸く流し入れる。焼き色がついたら裏返して残りのバターを加え、両面を色よく焼く。器に盛り、サラダ菜を添える。

カップスープの素をホワイトソース代わりに
かんたんドリア　1人分／345kcal

● 材料（2人分）

ごはん … 200g
ハム … 2枚
┌ カップスープの素* … 1袋
│ 熱湯 … 50㎖
└ 牛乳 … 80㎖
こしょう … 少々
ピザ用チーズ … 40g
パセリ（飾り用・あれば） … 少々

*コーンポタージュなど

● 作り方

① ハムは7～8mm角に切る。
② カップスープの素は熱湯でよく溶かし、牛乳を加えて混ぜる。
③ 耐熱皿にごはん、ハム、②、こしょうを入れてよく混ぜる。チーズをのせ、オーブントースターで7～8分、焼き色がつくまで焼く。パセリをちぎってのせる。

ドレッシングをすし酢代わりに

ライスサラダ　1人分／375kcal

材料（2人分）

雑穀ごはん … 240g
ミックスビーンズ（サラダ用・水煮）… 50g
プロセスチーズ … 40g
きゅうり … 1/2本
　塩 … 小さじ1/8
ミニトマト … 6個
プリーツレタス … 中2枚
フレンチドレッシング … 大さじ2＊

＊作るなら、酢小さじ2＋塩小さじ1/8＋こしょう少々＋
サラダ油小さじ4をよく混ぜる。

作り方

① きゅうりは1cm幅のいちょう切りにして塩をふり、約5分おいて水気をとる。ミニトマトは4つに切る。チーズは5〜6mm角に切る。
② 温かいごはんにドレッシングを混ぜる。さめたら、きゅうりとチーズ、豆を混ぜる。
③ 器にレタスを食べやすくちぎって敷き、②を盛る。ミニトマトを飾る。

ヒョオッ

パスタをゆでながら煮る
トマトスープパスタ　1人分／303kcal

材料（2人分）

マカロニ … 60g
フランクフルト … 2本（100g）
たまねぎ … 1/3個（70g）
さやいんげん … 5本
A ┌ トマト水煮缶詰 … 1/2缶（200g）
　│ 水 … 400ml
　└ スープの素 … 小さじ1

作り方

① たまねぎは薄切りにする。さやいんげんは2〜3cm長さに切る。フランクフルトは食べやすく切る。
② 鍋に①とマカロニ、Aを入れ、マカロニの表示時間どおりに中火で煮る。塩・こしょう各少々（材料外）で味をととのえる。

低カロリーでヘルシー
はるさめヌードル　1人分／157kcal

● 材料（2人分）

はるさめ … 60g
チンゲンサイ … 1株（120g）
しいたけ … 4個
卵 … 1個
A ┌ 中華スープの素 … 小さじ1
　├ しょうゆ … 小さじ1
　├ 酒 … 大さじ1
　└ 塩・こしょう … 各少々

● 作り方

① はるさめは長ければ約10cm長さに切る。チンゲンサイはざく切りに、しいたけは薄切りにする。
② 卵はときほぐす。
③ 鍋に水600ml（材料外）を入れて強火にかけ、Aを加える。沸とうしたら①を加え、中火ではるさめがやわらかくなるまで煮る。とき卵を回し入れ、卵に火が通ったら火を止める。

時には、ごはんの代わりに
おもち
焼くと時間がかかるおもちも、電子レンジだとあっという間。

チーズとおもちが溶け合う
もちラザニア　1人分／224kcal

● 材料（2人分）

切りもち … 2個（100g）
なす … 1個（70g）
ミートソース（市販品）… 大さじ8（約120g）
ピザ用チーズ … 20g

● 作り方

① もちは4等分に、なすは1cm厚さの輪切りにする。
② 器2つに、ミートソース、なす、もち、残りのミートソース、チーズの順に半量ずつ入れる。ふんわりとラップをして、電子レンジで約3分30秒、もちがやわらかくなるまで加熱する。

だしいらずで手軽
かんたんぞうに　1人分／144kcal

🟠 材料（2人分）

切りもち … 2個（100g）
しめじ … 1パック（100g）
ねぎ … 20cm
A ┌ 水 … 大さじ6
　│ けずりかつお … 2パック（6g）
　│ しょうゆ … 小さじ1
　└ 塩 … 少々

❁ 作り方

① しめじは小房に分ける。ねぎは3～4cm長さの斜め薄切りにする。もちは半分に切る。
② 器2つに、①を半量ずつ入れ、Aを半量ずつかける。ラップをして、電子レンジで約2分、もちがやわらかくなるまで加熱する。

ホットケーキミックスで作る
パンケーキ

保存がきいて使いやすいホットケーキミックス。ストックしておくと、便利。

焼きりんごが香ばしい
アップルシナモン・パンケーキ　1人分／358kcal

● 材料（2人分）

A ┌ ホットケーキミックス … 100g
　├ 牛乳 … 50ml
　└ 卵 … 1個
バター … 20g
りんご … 1/4個
シナモンシュガー* … 大さじ1

*作るなら、シナモンパウダー小さじ1/3＋グラニュー糖大さじ1をよく混ぜる。

● 作り方

① りんごは芯を除き、皮つきのままくし形の縦の薄切りにする。Aはよく混ぜる。
② フライパンにバター半量を温め、Aの半量を流し入れる。弱火で、焼き色がつくまで焼く。
③ りんごを半量のせ、シナモンシュガー大さじ1/2を全体にふって裏返し、焼き色がつくまで焼く。同様にもう1枚焼く。

トマトジュースで作る

ピザ風パンケーキ　1人分／256kcal

🌸 材料（2人分）

A ┌ ホットケーキミックス … 100g
　└ 有塩トマトジュース … 100㎖
ハム … 1枚
たまねぎ … 40g
赤パプリカ … 30g
パセリ（みじん切り）… 小さじ2
粉チーズ … 大さじ1
黒こしょう … 少々
オリーブ油 … 小さじ1

🍳 作り方

① たまねぎはみじん切りにする。パプリカ、ハムは5〜6mm角に切る。
② Aはよく混ぜる。①、パセリ、粉チーズ、黒こしょうを加えて混ぜる。
③ フライパンにオリーブ油を温め、②を流し入れる。弱火で、焼き色がつくまで両面を焼く。食べやすく切る。

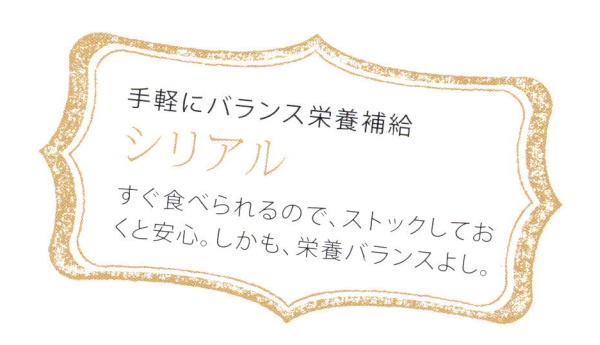

手軽にバランス栄養補給
シリアル
すぐ食べられるので、ストックしておくと安心。しかも、栄養バランスよし。

なんだか食べる気がしない…
そんなとき、おやつ感覚で食べられるのも、
シリアルのよいところ。
トッピングをいろいろ変えて、楽しんで。

女子にうれしい"豆"づくし
きなこあずき・シリアル
シリアル*にゆであずき、きなこをのせ、豆乳をかける。

*写真は玄米フレーク。冬は温めた豆乳をかけてもおいしい

ビタミンCをプラス
オレンジ・シリアル
シリアル*にオレンジとヨーグルトをのせ、オレンジジュースをかける。

*写真はコーンフレーク。ほかのフルーツやジュースにかえてもおいしい

オリジナル・シリアルを作ろう！

コーンフレークや玄米フレークなどのシリアルに、ナッツやドライフルーツなどをミックスしてストック。自分好みの味にできるし、ミックスしてあるシリアルを買うよりも安あがりで、いいことずくめ。

デザート感覚で
バナナヨーグルト・シリアル

バナナは食べやすく切る。シリアル*、ヨーグルトと混ぜる。好みでメープルシロップ、はちみつなどをかける。

*写真はフルーツグラノーラ

あったかスープで"食事系"
スープ・シリアル

カップスープの素*を分量の熱湯で溶き、シリアルを入れる。

*コーンポタージュなど

サクサク、パクパク食べられる
ツナサラダ・シリアル　293kcal

🍴 材料（1人分）

シリアル* … 1カップ（30g）
ツナ缶詰 … 小 1/2缶（40g）
　マヨネーズ … 大さじ1/2
レタス … 大1枚（50g）
クレソン … 1/2束
好みのドレッシング … 適量

*写真は玄米フレーク

🍊 作り方

① レタスは食べやすくちぎる。クレソンは 3〜4cm 長さに切る。ツナはマヨネーズであえる。
② 器にシリアルと①を盛り、ドレッシングをかける。

ヨーグルトをドレッシングに
シーザーサラダ風・シリアル　284kcal

🍴 材料（1人分）

シリアル* … 1カップ（30g）
生ハム … 2枚（約20g）
トマト … 1/2個（80g）
プリーツレタス … 1〜2枚（50g）
A ┌ プレーンヨーグルト … 大さじ2
　│ オリーブ油 … 大さじ1/2
　│ 塩・こしょう・砂糖 … 各少々
　└ 粉チーズ … 大さじ1

*写真はコーンフレーク

🍊 作り方

① トマト、生ハムは食べやすく切る。レタスはちぎる。
② Aを合わせてドレッシングを作る。
③ 器にシリアルと①を盛り、Aをかける。

YOGURT

朝はやっぱりヨーグルト。
毎朝食べたいヨーグルトは、
飽きないように、
トッピングにひとくふう。

フルーツがなければ、ジャムでも
ベリーベリーヨーグルト
いちご、ブルーベリーをのせ、
好みではちみつをかける。

たまには和テイストで
きなこヨーグルト
煮豆*、きなこをのせ、黒みつをかける。
*黒豆やきんとき豆など、甘い煮豆

とろっとしたマシュマロがやみつきに
マシュマロヨーグルト
前の晩から、マシュマロとプルーンを
ヨーグルトに漬けておく。

さっぱりとサラダっぽく
豆サラダヨーグルト
ミックスビーンズ(サラダ用・水煮)をのせ、
オリーブ油・塩・こしょう各少々をかける。

COLD DRINK

すっきり目覚める
はちみつりんごサワー　36kcal

■ 材料（1人分）
りんご酢 … 大さじ1
はちみつ … 大さじ½
冷水または炭酸水 … 150㎖

■ 作り方
すべての材料をよく混ぜる。

意外、でもアリな組み合わせ
トマトラッシー　66kcal

■ 材料（1人分）
トマトジュース（無塩）… 80㎖
プレーンヨーグルト … 80g
（好みで）はちみつ … 小さじ½

■ 作り方
すべての材料をよく混ぜる。

栄養たっぷり。冷製スープにもなる
アボカドミルク　218kcal

■ 材料（1人分）
アボカド（よく熟したもの）… ½個
レモン汁 … 小さじ2
牛乳 … 120㎖
塩 … 少々

■ 作り方
アボカドは皮と種をとって器に入れ、レモン汁をふりかけて泡立器でつぶす。牛乳、塩を加えてよく混ぜる。

混ぜるだけで作れるものや、
ミキサーで作る栄養たっぷりドリンクなど。
食欲がなくても、これなら飲める!

パイナップルの風味で、豆乳が苦手でも飲みやすい
パイン豆乳　1人分／84kcal

■ 材料（2人分）
パイナップル（カット）… 250g
豆乳 … 200mℓ

■ 作り方
すべての材料をミキサーにかける。

パプリカの味を感じさせない飲みやすさ
パプリカオレンジ　1人分／50kcal

■ 材料（2人分）
赤パプリカ … 1/3個（60g）
オレンジジュース … 200mℓ

■ 作り方
パプリカはひと口大に切る。すべての材料をミキサーにかける。

好みではちみつや練乳を入れてもおいしい
ブルーベリーヨーグルト　1人分／85kcal

■ 材料（2人分）
冷凍ブルーベリー … 80g
プレーンヨーグルト … 200g

■ 作り方
すべての材料をミキサーにかける。

HOT DRINK

甘さはお好みで
ジャムティー　17kcal

■ 材料（1人分）
ティーバッグ … 1個
好みのジャム … 小さじ1〜2
熱湯 … 150㎖

■ 作り方
紅茶をいれ、ジャムを加えて混ぜる。

風邪のひきはじめに効きそう
ジンジャー・レモネード　40kcal

■ 材料（1人分）
おろししょうが … 小さじ½
レモン汁 … 大さじ1
はちみつ … 大さじ½
熱湯 … 150㎖

■ 作り方
すべての材料をよく混ぜる。レモン（輪切り1枚・材料外）をのせる。

とろけたマシュマロが絶品！
マシュマロ・カフェモカ　56kcal

■ 材料（1人分）
マシュマロ … 適量
A「インスタントコーヒー … 大さじ1
　└ミルクココア … 大さじ1½
熱湯 … 150㎖

■ 作り方
Aを熱湯でよく溶かし、マシュマロをのせる。

熱湯をそそぐだけで作れるものや、

電子レンジで作れるあったかドリンク。

朝からほっこりあったまる。

鍋いらずのかんたん本格派
ロイヤルミルクティー　83kcal

■材料（1人分）
紅茶（ティーバッグ）… 1個
牛乳 … 100㎖
水 … 50㎖
（好みで）砂糖 … 適量

■作り方
① カップに水とティーバッグを入れ、電子レンジで約1分加熱する。
② 牛乳を加え、さらにレンジで約1分加熱する。好みで砂糖を加えて溶かす。

やさしいとろみとほのかな甘さ
りんごのくず湯　63kcal

■材料（1人分）
りんごジュース（果汁100%）… 100㎖
かたくり粉 … 小さじ1
砂糖 … 小さじ1/2

■作り方
① カップにかたくり粉と少量のジュースを入れて混ぜる。溶けたら、残りのジュースと砂糖を加えて混ぜる。
② 電子レンジで約1分加熱し、よく混ぜる。さらに約30秒、とろみがつくまで加熱してよく混ぜる。

*加熱しすぎると、突沸するので注意。

ごまのプチプチ食感がおいしい
黒ごまきなこミルク　165kcal

■材料（1人分）
黒すりごま … 小さじ1
きなこ … 大さじ1
はちみつ … 大さじ1/2
牛乳 … 150㎖

■作り方
カップにすべての材料を入れ、電子レンジで約2分加熱する。よく混ぜる。

朝ごはんアイディア ③

パンを焼きながら、おかずも作れる
同時調理クッキング

材料をセットすれば、身じたくしている間に、できあがり。
時間も光熱費も節約できて、あとかたづけもラクと、いいことずくめ！

MENU
チーズトースト
キャベツとハムのからしマヨ焼き
バナナ
紅茶

オーブントースターで2品！　353kcal

材料（1人分）

食パン … 1枚
スライスチーズ … 1枚
キャベツ … 30g
ピーマン … ½個
ハム … 1枚
A ┌ マヨネーズ … 大さじ1
　└ 練りがらし … 少々

作り方

① キャベツ、ピーマン、ハムはひと口大に切る。耐熱容器に入れ、Aを合わせてかける。
② 食パンにチーズをのせる。①と一緒にオーブントースターに入れる。パンは焼けたらとり出し（2〜3分）、①は5〜6分、野菜に焼き色がつくまで焼く。

ピーマン＆エリンギ

紅茶ポット

ウィンナー

目玉焼き

レーズン食パン

MENU
トースト
目玉焼き＆ソーセージ
野菜のソテー
紅茶

ホットプレートで4品！　365kcal

材料（1人分）
レーズン食パン … 1枚
卵 … 1個
ウィンナーソーセージ … 2本
エリンギ … 小1本
ピーマン … 小1個
塩・こしょう … 各少々
紅茶（ティーバッグ）… 1個

作り方
① エリンギは縦半分に切り、ピーマンは輪切りにする。耐熱用ポットに水200ml（材料外）とティーバッグを入れる。
② ホットプレートを200℃くらいに温め、ポットとパンを置く。サラダ油少々（材料外）をひいて卵を割り入れ、ソーセージ、野菜も一緒に焼く。火が通ったら、卵と野菜に塩、こしょうをふる。

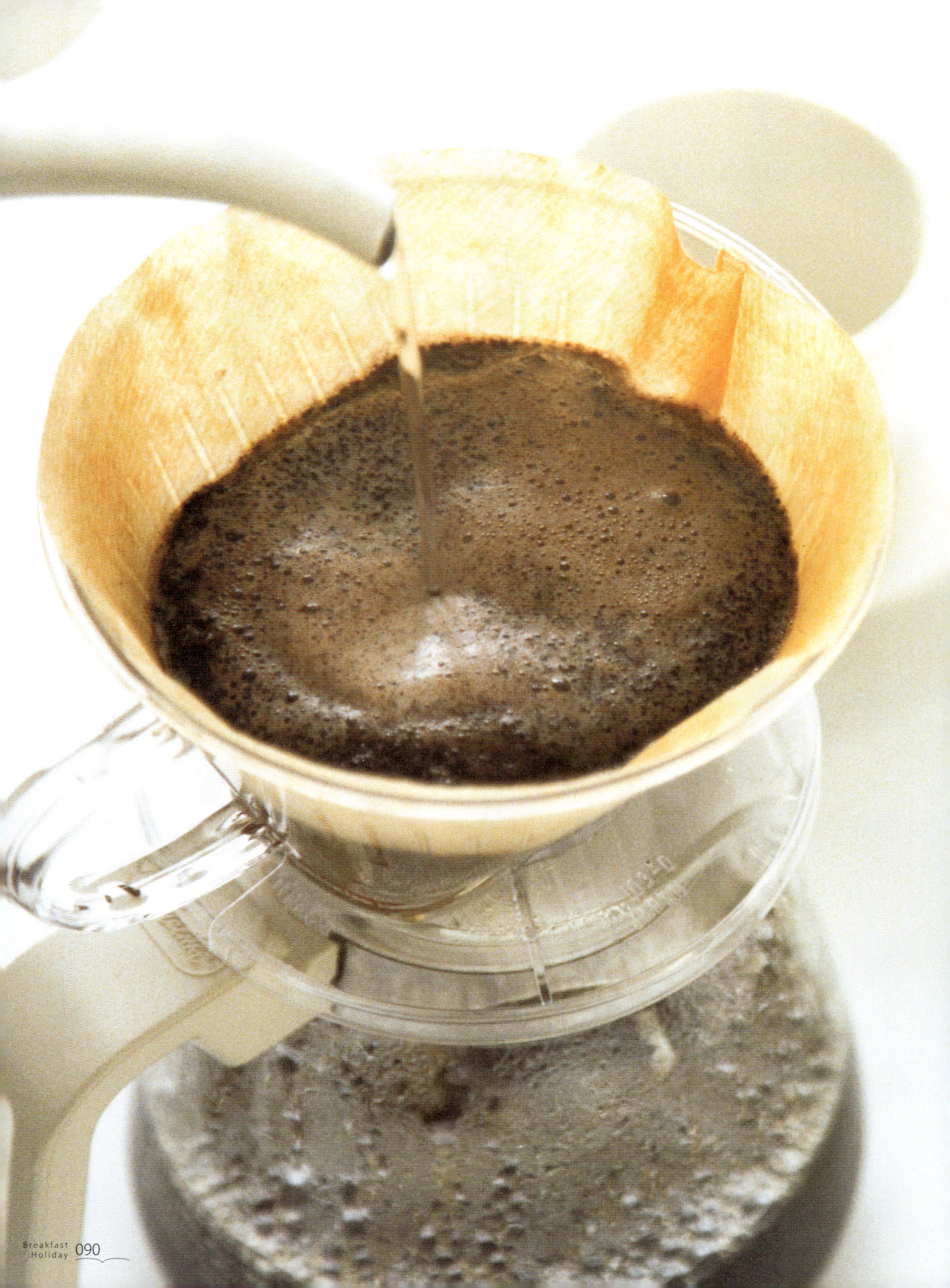

休日の朝ごはん

忙しいふだんは、
食べるか食べないか、で精一杯。

でも、のんびりできる休日の朝ごはんは、
「何を」「だれと」食べるかも大切にしたい。

作る楽しみ、食べる楽しみ、そして会話を味わって。
ぜいたくな朝時間を、大切な人とすごす。
そうやって始まる1日は、
昨日よりももっともっとステキな1日のはず。

ホテルで食べる朝食をおうちでも
アメリカン・ブレックファースト

弱火でじっくり焼いて作るカリカリベーコンは、
休日ならではの1品。卵とトマトに
ベーコンのうま味を吸わせ、ワンプレートに。

MENU
- カリカリ目玉焼き
  カリカリベーコン＆焼きトマト添え
- オレンジ・サラダ
- ヨーグルト
- パン
- コーヒー

ベーコンの脂とうま味を生かして
カリカリ目玉焼き
カリカリベーコン&焼きトマト添え

材料（2人分）
卵 … 2個
ベーコン … 4枚（約40g）
トマト … 1個
（好みで）塩・こしょう … 各少々

作り方（1人分／258kcal）

① トマトは横に1cm厚さの輪切りにする。

② フライパンを温め、ベーコンを入れる。弱火でじっくりと両面を焼く。カリカリに焼けたら、とり出す。

③ ベーコンから出てきた脂が少なければ、サラダ油を適量たす。卵を割り入れ、好みのかたさに焼けたら、とり出す。
＊多めの油で焼くことで、目玉焼きのふちがカリカリに。

④ トマトを入れ、強火で両面をさっと焼く（ベーコンのうま味をトマトに吸わせる）。

＊③でふたをすると、黄身が白くくもった目玉焼きになり、早く焼ける。

↓時短テク … 効率よく、並行して作業する

目玉焼き	トマトを切る	ベーコンを焼く	卵を焼く	トマトを焼く	盛りつけ
オレンジ・サラダ		材料を切る	盛りつけ		

オレンジの果汁をドレッシングに
オレンジ・サラダ

材料（2人分）
オレンジ … 1個
サニーレタス … 2枚
グリーンアスパラガス … 2本
きゅうり … 1/4本
A ┌ オレンジ果汁 … 約大さじ1
　├ 酢 … 大さじ1
　├ 白ワイン … 小さじ1
　├ 塩・こしょう … 各少々
　└ サラダ油 … 大さじ2

作り方（1人分／97kcal）
① レタスはひと口大にちぎる。アスパラガスはラップに包んで電子レンジで約1分加熱し、3〜4cm長さに切る。きゅうりは縦半分にして、斜め薄切りにする。
② オレンジは皮をむく。ボールを下に置いて果汁を受けながら、実を房からとり出す。残った薄皮からも汁をしぼる。Aの材料を合わせ、ドレッシングを作る。
③ 野菜とオレンジを器に盛り、食べるときにドレッシングをかける。

オレンジの果肉とり

皮をぐるりとむく。

ひと房ずつVの字に切りこみを入れて、果肉をとり出す。

焼きたての甘～い香りで目覚める
スコーン・ブランチ

外側さっくり、中はしっとり。焼きたてスコーンの
おいしさが味わえるのは、手づくりならでは。
ていねいにいれた、おいしい紅茶と一緒にどうぞ。

MENU
- 豆乳スコーン
- スティックサラダ
  ～とうふディップ添え～
- 紅茶

097 Breakfast Holiday

ホットケーキミックスで手軽に作れる
豆乳スコーン

材料（4個分）

ホットケーキミックス … 150g
バター … 30g
豆乳＊ … 50ml
サワークリームやジャム … 適量

＊調整/無調整豆乳のどちらでも。
　牛乳でもOK

作り方（1個／199kcal）

【下準備】バターは7〜8mm角に切り、冷蔵庫で冷やしてかたくしておく。オーブンは190℃（ガスオーブン180℃）に予熱する。

① ボールにホットケーキミックスとバターを入れる。手ですり合わせて、ポロポロの状態にする。

② 豆乳を加えて混ぜる。生地がまとまればOK。

③ 4等分にして形をととのえ、オーブン皿に並べる。190℃で約20分焼く（ガスオーブン180℃）。

フライパンで焼くときは

約1cm厚さの円形にしてフライパンに入れる。ふたをして弱火で両面を7〜8分ずつ、焼き色がつくまで焼く。

↓時短テク … 効率よく、並行して作業する

豆乳スコーン	生地を作る	焼く	盛りつけ
スティックサラダ		ディップを作る　盛りつけ	
紅茶			紅茶をいれる

ナッツの食感がよいアクセントに
とうふディップ

材料（作りやすい量）

もめんどうふ … 100ｇ
A「マヨネーズ・みそ … 各大さじ1
　　砂糖 … 少々」
ピーナッツ … 5粒

作り方（全量／214kcal）

① とうふは2〜3つにちぎり、電子レンジで約1分30秒加熱して、水気をきる。
② ピーナッツはあらくきざむ。
③ ①のあら熱がとれたら、Aと②を加えてよく混ぜる。好みの野菜につけて食べる。
＊写真はミニキャロット、ミニだいこん、セロリ、きゅうり

紅茶のおいしいいれ方

ポットもカップもしっかり温め、
熱湯で茶葉を充分むらすのがポイント。
いつもの茶葉を、いつもよりおいしく。

茶葉のめやす量
＜1人分180mlの場合＞
約3ｇ。ティースプーン山盛り1杯がめやす

① ポットとカップに湯を入れて温める。

② 茶葉をはかってポットに入れる。

③ 熱湯を一気にそそぎ、茶葉がいきおいよく動くようにする（ジャンピング）。ふたをする。

④ ティーコゼ＊をかぶせて、2〜3分むらす。
＊厚手のタオルやニットの帽子などで包んでも

⑤ 茶こしを使い、濃さが均等になるようにカップに交互につぎ分ける。

とろとろおかゆが絶品!
アジアンおかゆ

お米からコトコト煮て作るおかゆは、とりのうま味たっぷりで、思わず「おかわり!」と言いたくなるおいしさ。気分は、アジアの屋台の朝ごはん。

MENU
- とりのアジアンおかゆ
  〜ピータン、ザーサイ、ねぎ添え〜
- チンゲンサイの塩いため
- 野菜のさっぱり漬け

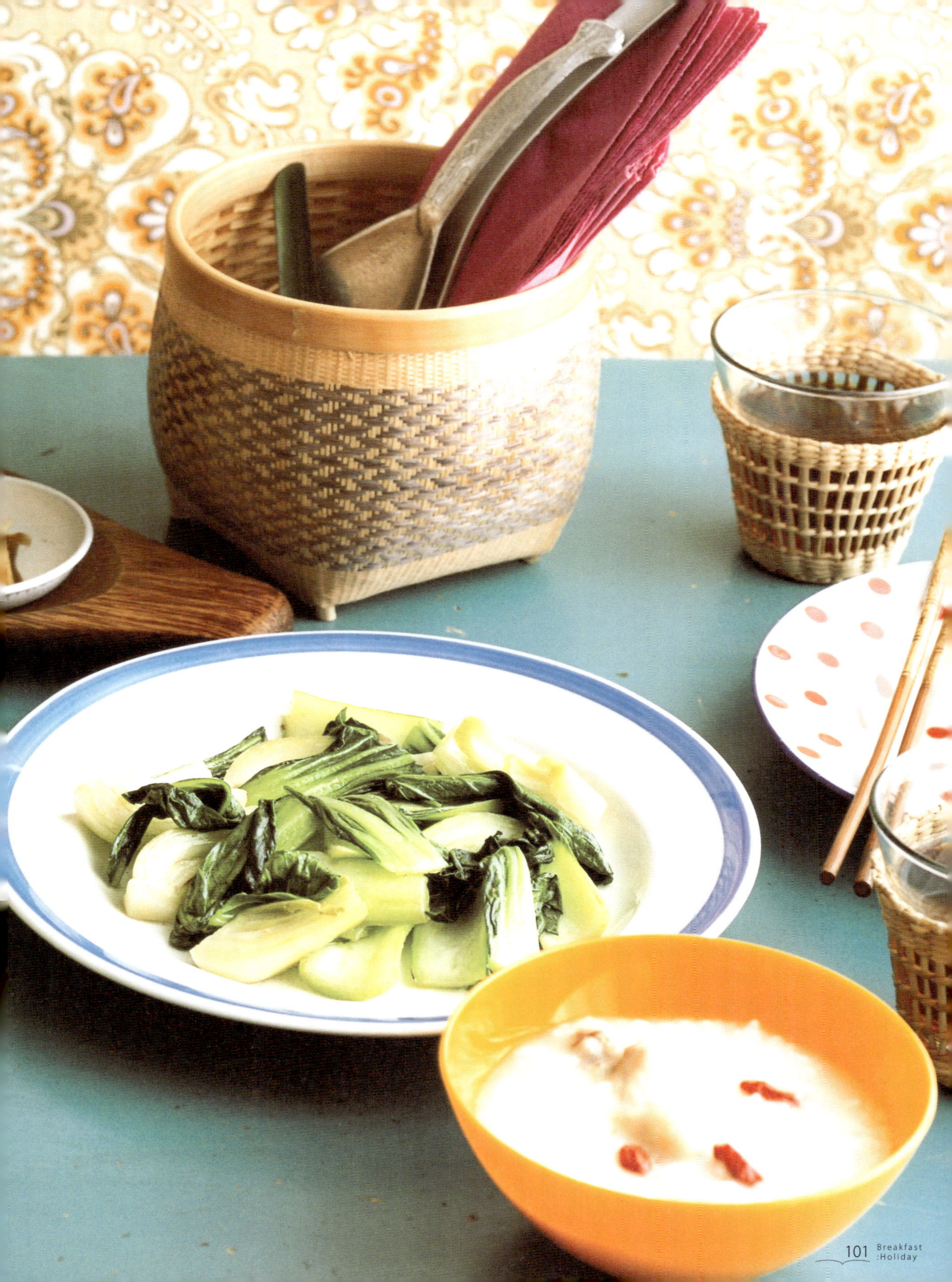

とりのうま味がたっぷり
とりのアジアンおかゆ

🟩 材料（2人分）

米 … 100g
チキンスペアリブ* … 4本
しょうが … 小1かけ（5g）
くこの実 … 小さじ1
塩 … 少々
*とり手羽中のハーフカット
【トッピング】
ピータン … 1個
ザーサイ … 20g
ねぎ … 10cm
A ┌ しょうゆ … 小さじ1
　└ ごま油 … 小さじ1/2

時間がないときは…
米から作ったおかゆのほうが、とりのうま味をたっぷり吸っておいしいが、時間がないときはごはんで作ると早い。作り方③で加える水の量を400mlにして、④で、米ではなくごはん200gを加えて5〜6分煮る。

🟩 作り方（1人分／302kcal）

① 米は洗って、水200ml（材料外）に30分以上つける。
＊前の晩からつけておいても。

② とり肉は洗って熱湯をかける。しょうがは半分に切る。ねぎは長さを半分に切って外側と芯に分け、外側はせん切りにする。

③ 鍋に水800ml（材料外）、とり肉、しょうが、ねぎの芯を入れ、強火にかける。沸とうしたらアクをとり、中火で約5分煮る。

④ ①を水ごと加える。沸とうしたら弱火にし、ねぎとしょうがをとり出す。ふたをずらしてのせ、約40分煮る（途中でアクをとり、時々かき混ぜてとろみを出す）。

⑤ ピータンは4つに切る。ザーサイはあらみじんに切る。せん切りにしたねぎはAであえる。

⑥ 鍋に塩を加えて味をととのえ、くこの実を加える。器に盛り、⑤と一緒に食べる。

シャキシャキにしあげるコツは、強火
チンゲンサイの塩いため

材料（2人分）

チンゲンサイ … 大1株（150g）
ごま油 … 小さじ½
A ┌ 酒・水 … 各小さじ1
　└ 塩・こしょう … 各少々

作り方（1人分／15kcal）

① チンゲンサイは4〜5cm長さに切り、根元は6〜8つ割りにする。
② フライパンにごま油を温め、根元、葉の順に加えていためる。Aを加え、強火でいためて汁気をとばす。

前日に作っておいてもOK
野菜のさっぱり漬け

材料（2人分）

だいこん … 100g
にんじん … 50g
塩 … 小さじ⅓
A ┌ 砂糖 … 大さじ½
　│ 酢 … 大さじ1½
　│ ごま油 … 大さじ½
　└ 赤とうがらし（小口切り）… 少々

作り方（1人分／43kcal）

① 野菜はひと口大に切る。塩をふって約10分おき、水気をきる。
② 保存容器かポリ袋にAを合わせ、①を漬ける。
＊30分後から食べられ、冷蔵で日もち1週間。

↓時短テク … 効率よく、並行して作業する

おかゆ	米をつける	煮る	トッピングの材料を切る		盛りつけ
チンゲンサイの塩いため			切る	いためる	盛りつけ
野菜のさっぱり漬け	切る	漬ける	盛りつけ		

MENU
- 焼き魚（塩ざけ）
- だし巻き卵
- ほうれんそうのおひたし
- オクラとなめこのみそ汁
- ごはん
- 漬けもの
- 味つけのり

だしの香りで目覚める
純和風な朝ごはん

かつおぶしからだしをとるのは、実は意外とかんたん。
みそ汁にだし巻き卵、おひたしにも使えて効率的。
食べるとわかる、昔ながらのおいしい朝ごはん。

グリルで焼くと、皮がパリパリで香ばしい
焼き魚

材料（2人分）

塩ざけ … 2切れ
だいこんおろし … 適量

作り方（1人分／204kcal）

① さけはグリルで両面を3〜4分ずつ、焼き色がつくまで焼く。
② 器に盛り、だいこんおろしを添える。

とろっと感がおいしい
オクラとなめこのみそ汁

材料（2人分）

オクラ … 2本
なめこ … 1/2袋（50g）
だし … 300ml
みそ … 大さじ1強

作り方（1人分／29kcal）

① オクラは小口切りにする。なめこはざるに入れ、水でさっと洗う。
② 鍋にだしを温め、沸とうしたら①を入れてひと煮立ちさせる。
③ みそを溶き入れ、沸とうする直前に火を止める。

だしのうま味でしんみりおいしい
ほうれんそうのおひたし

材料（2人分）

ほうれんそう … 1/2束（150g）
A［ だし … 大さじ1 1/2
　　しょうゆ … 大さじ1/2 ］
けずりかつお … 適量

作り方（1人分／19kcal）

① ほうれんそうをゆでる。水にとって水気をしぼる。
② Aを合わせ、①に小さじ1ほどかけてしぼる。3〜4cm長さに切って器に盛る。残りのAをかけ、けずりかつおをのせる。

↓時短テク① … だしはまとめてとる　　↓時短テク② … 効率よく、並行して作業する

みそ汁	湯をわかす（だし用450ml）	だしをとる（→P.067）	具の用意			だしを温める	みそ汁を作る	盛りつけ
おひたし			湯をわかす	ゆでる		盛りつけ	
だし巻き卵			卵液を作る	卵を焼く		盛りつけ	
焼き魚	だいこんをおろす			（グリル予熱）	魚を焼く	盛りつけ	

だしのうま味がジュワッとしみ出る
だし巻き卵

材料（2人分）
卵 … 2個
A ┌ だし … 大さじ2
　├ 砂糖 … 大さじ1/2
　├ みりん … 小さじ1
　└ しょうゆ・塩 … 各少々
サラダ油 … 少々

作り方（1人分／101kcal）

① ボールに卵をときほぐす。Aを合わせて加え、混ぜる。目の細かいざるでこす。
*口当たりがよく、焼き上がりがきれいになる。

② 卵焼き器を温め、ペーパータオルに油をしみこませ、全体にぬる。卵液の約1/3量を入れ、全面に広げる。

③ 表面が半熟程度になったら、フライ返しなどで、向こう側から手前に卵を巻いていく。

④ 焼いた卵を向こう側にすべらせる。

⑤ あいているところに卵液の約1/3量を入れて広げる。焼いた卵を持ち上げ、下にも卵液をいきわたらせる。

⑥ ③〜⑤をくり返して焼いていく。最後は手前で少し焼き、形をととのえる。あら熱がとれたら、食べやすく切る。

*火加減は弱めの中火〜中火。弱火で焼くと時間がかかり、ふんわり焼き上がらない。

朝ごはんアイディア ④

時間と気持ちに余裕があるときは
お楽しみ朝ごはん

いつもよりも余裕がある朝は、
自分のため、家族のために、いつもの朝ごはんにひとくふう。
ついつい手がのびて、パクついてしまう、そんなわくわく朝ごはん！

小さな子どもも食べやすい
ミニミニむすび　1個／34kcal

🍙 材料（5個分）

ごはん … 100g
好みのふりかけ … 適量

🍙 作り方

ごはんにふりかけを混ぜる。5等分して丸くにぎる（ラップを使うと、手を汚さずにかんたん）。

具の種類と量はお好みで。かじってみるまでのお楽しみ！
ジャンボむすび　274kcal

🍙 材料（1個分）

ごはん … 150g
のり … 1枚
好みの具 … 適量（写真は焼きたらこ、こんぶのつくだ煮）
塩 … 少々

🍙 作り方

① 茶碗にごはんと具を入れ、塩少々をふる。

② 焼きのりをかぶせて茶碗ごとひっくり返し、塩少々をふる。のりでごはんを包み、形をととのえる。

かわいい見た目に、思わず手がのびる
ロールサンド2種

ソーセージ・ロールサンド　255kcal

🍴 材料（1人分）

食パン（12枚切り・耳を落とす）… 2枚
ウィンナーソーセージ（長め）… 2本
粒マスタード … 大さじ½

🍳 作り方

① ソーセージは熱湯でさっとゆでる。
② ラップにパンを1枚のせて半量の粒マスタードをぬり、ソーセージ1本をのせて巻く（右下を参照）。同様にもう1本巻く。食べやすく切る。

いちごチーズ・ロールサンド　216kcal

🍴 材料（1人分）

食パン（12枚切り・耳を落とす）… 2枚
いちご … 3粒
　┌ クリームチーズ … 1個（約20g）
A ┤ ヨーグルト … 大さじ1
　└ 砂糖 … 大さじ½

🍳 作り方

① いちごは約1cm角に切る。Aをよく混ぜ、いちごを加えてさっと混ぜる。
② ラップにパンを1枚のせ、①の半量をのせて巻く（右下を参照）。同様にもう1本巻く。食べやすく切る。

ひとくふう

ソーセージ・ロールサンドはフライパンでバター焼きにするのもおすすめ。
外側がカリッとして、香ばしい。

ラップを広げ、パンと具材をラップで強めに巻く。端をひねり、そのまま少しおく。

素材別さくいん

肉類・加工品

102	とりのアジアンおかゆ
017	焼きとり・トースト（焼きとり缶詰）
019	てりたま・サンド（てり焼きチキン）
016	ピザ・トースト（ソーセージ）
029	卵とアスパラのいためもの（ソーセージ）
032	ホットドッグ（ソーセージ）
053	ナポリタン丼（ソーセージ）
139	ソーセージ・ロールサンド
021	生ハム・オープンサンド
082	シーザーサラダ風・シリアル（生ハム）
020	ハムクロワッサン・サンド
035	かんたんクロックムッシュ（ハム）
072	かんたんドリア（ハム）
079	ピザ風パンケーキ（ハム）
074	トマトスープパスタ（フランクフルト）
015	ベーコン・トースト
018	BLT・サンド（ベーコン）
034	ベーコンエッグ・マフィン
063	かぼちゃリゾット（ベーコン）
071	バゲットサラダ（ベーコン）
094	カリカリ目玉焼き（ベーコン）
019	焼き豚ベーグル・サンド
033	コンビーフ・ホットサンド

魚介類・加工品

066	あさりのみそ汁
020	えびたまバゲット・サンド
051	オイルサーディン丼（いわし）
050	かにかまコーンバター丼
051	魚かば焼き丼（缶詰）
014	さけマヨ・トースト（フレーク）
016	サーモンアボカド・トースト
065	焼きざけのだし茶漬け
106	焼き魚（塩ざけ）
055	さつま揚げのてり煮
015	しらすマヨ・トースト
050	納豆しらす丼
055	トマトとしらすのぽん酢がけ
065	焼きたらこ茶漬け
053	てり焼きちくわ丼
018	ツナきゅうり・サンド
038	ツナとレタスのスープ
050	ツナマヨ丼
052	ツナそぼろ丼
082	ツナサラダ・シリアル
056	はんぺんのチーズ焼き
050	めんたい高菜丼

卵

017	お好み焼き・トースト
019	てりたま・サンド
020	えびたまバゲット・サンド（ゆで卵）
021	アスパラエッグ・オープンサンド（ゆで卵）
027	ポテト・エッグ
028	ふんわりオムレツ
029	卵とアスパラのいためもの
030	チーズ・スクランブルエッグ
031	かんたんスフレ
034	ベーコンエッグ・マフィン
036	厚切りフレンチトースト
036	オレンジフレンチトースト
036	ココアフレンチトースト
049	しそぽんTKG
049	韓国のりTKG
049	とうふのっけTKG
049	ザーサイのっけTKG
052	なめたけ卵丼
057	野菜の巣ごもり卵
059	油揚げの卵とじ
062	おとし卵の洋風おじや
063	卵ぞうすい
071	バゲットサラダ（温泉卵）
072	ライスオムレツ
075	はるさめヌードル
078	アップルシナモン・パンケーキ
094	カリカリ目玉焼き
107	だし巻き卵

野菜

●アスパラガス

021	アスパラエッグ・オープンサンド
029	卵とアスパラのいためもの
095	オレンジ・サラダ

●青菜

066	こまつなととうふのみそ汁
061	チンゲンサイの煮びたし
075	はるさめヌードル（チンゲンサイ）
103	チンゲンサイの塩いため
071	バゲットサラダ（サラダ用ほうれんそう）
106	ほうれんそうのおひたし

●かいわれだいこん・スプラウト

017	焼きとり・トースト（かいわれ）
058	生揚げのぽん酢いため（かいわれ）
064	つくだ煮茶漬け（かいわれ）
050	ツナマヨ丼（スプラウト）

●きのこ

075	はるさめヌードル（しいたけ）
017	焼きとり・トースト（しめじ）
039	きのこのミルクスープ（しめじ）
055	さつま揚げのてり煮（しめじ）
077	かんたんぞうに（しめじ）
106	オクラとなめこのみそ汁
052	なめたけ卵丼

●キャベツ

017	お好み焼き・トースト
033	コンビーフ・ホットサンド
039	キャベツのカレースープ
057	野菜の巣ごもり卵
060	キャベツの塩こんぶあえ

●きゅうり

018	ツナきゅうり・サンド
038	きゅうりの冷たいスープ
040	野菜のドレッシング漬け
041	野菜のヨーグルトみそ漬け
059	きゅうりのゆかりあえ
073	ライスサラダ
095	オレンジ・サラダ

●さやいんげん・さやえんどう

055	さつま揚げのてり煮（いんげん）
074	トマトスープパスタ（いんげん）
052	ツナそぼろ丼（えんどう）
060	高野どうふの煮もの（えんどう）

●セロリ

040	野菜のドレッシング漬け
041	野菜のヨーグルトみそ漬け

●だいこん

041	野菜のしょうゆ漬け
066	だいこんと油揚げのみそ汁
103	野菜のさっぱり漬け
106	焼き魚（だいこんおろし）

●たまねぎ

016	ピザ・トースト
018	ツナきゅうり・サンド
023	から揚げ・ピタサンド
028	ふんわりオムレツ
032	ホットドッグ
038	トマトスープ
039	きのこのミルクスープ
039	キャベツのカレースープ
040	野菜のドレッシング漬け
043	トマトソース
043	コーンマヨソース
053	ナポリタン丼
063	かぼちゃリゾット
071	かんたんオニオングラタンスープ
074	トマトスープパスタ
079	ピザ風パンケーキ

●トマト・ミニトマト

014	イタリアン・トースト
018	BLT・サンド
038	トマトスープ
055	トマトとしらすのぽん酢がけ
056	トマトとみず菜のサラダ
082	シーザーサラダ風・シリアル
094	カリカリ目玉焼き
020	えびたまバゲット・サンド（ミニ）
038	ツナとレタスのスープ（ミニ）
040	野菜のドレッシング漬け（ミニ）
070	バゲットのトマトチーズ焼き（ミニ）
073	ライスサラダ（ミニ）

●にんじん

031	かんたんスフレ
041	野菜のヨーグルトみそ漬け
057	にんじんサラダ

素材別さくいん

060　高野どうふの煮もの
103　野菜のさっぱり漬け
●ねぎ・万能ねぎ
059　油揚げの卵とじ
077　かんたんぞうに
102　とりのアジアンおかゆ
014　納豆チーズ・トースト(万能)
049　とうふのっけTKG(万能)
051　魚かば焼き丼(万能)
051　オイルサーディン丼(万能)
056　はんぺんのチーズ焼き(万能)
063　卵ぞうすい(万能)
065　とうふのだし茶漬け(万能)
066　あさりのみそ汁(万能)
●ハーブ・香味野菜
015　ベーコン・トースト(クレソン)
082　ツナサラダ・シリアル(クレソン)
015　しらすマヨ・トースト(しその葉)
049　しそぽんTKG
064　梅こんぶ茶漬け(しその葉)
086　ジンジャー・レモネード
102　とりのアジアンおかゆ(しょうが)
014　イタリアン・トースト(バジル)
079　ピザ風パンケーキ(パセリ)
065　焼きたらこ茶漬け(みつば)
019　焼き豚ベーグル・サンド(ルッコラ)
●ピーマン・パプリカ
016　ピザ・トースト
028　ふんわりオムレツ
053　ナポリタン丼
057　野菜の巣ごもり卵
023　から揚げ・ピタサンド
040　野菜のドレッシング漬け
079　ピザ風パンケーキ
085　パプリカオレンジ
●ブロッコリー
031　かんたんスフレ
039　ごま風味の豆乳スープ
●レタス・サラダ菜・ベビーリーフ・みず菜
018　BLT・サンド
020　ハムクロワッサン・サンド(プリーツ)
020　えびたまバゲット・サンド
032　ホットドッグ(プリーツ)
034　ベーコンエッグ・マフィン(プリーツ)
038　ツナとレタスのスープ
073　ライスサラダ(プリーツ)
082　ツナサラダ・シリアル
082　シーザーサラダ風・シリアル(プリーツ)
095　オレンジ・サラダ(サニー)
019　てりたま・サンド(サラダ菜)
022　きんぴらチーズ・サンド(サラダ菜)
023　から揚げ・ピタサンド(サラダ菜)
072　ライスオムレツ(サラダ菜)
021　生ハム・オープンサンド(ベビーリーフ)
052　なめたけ卵丼(みず菜)

056　トマトとみず菜のサラダ
●そのほかの野菜
106　オクラとなめこのみそ汁
053　てり焼きちくわ丼(ししとうがらし)
027　ポテト・エッグ
076　もちラザニア(なす)

くだもの
016　サーモンアボカド・トースト
043　アボカドディップ
084　アボカドミルク
083　ベリーベリーヨーグルト
109　いちごチーズ・ロールサンド
080　オレンジ・シリアル
095　オレンジ・サラダ
045　グレープフルーツ・マリネ
085　パイン豆乳
037　シナモンバナナトースト
081　バナナヨーグルト・シリアル
045　りんごのシロップ煮
078　アップルシナモン・パンケーキ
040　野菜のドレッシング漬け(レモン)
086　ジンジャー・レモネード(レモン)

冷凍食品・缶詰・加工品
063　かぼちゃリゾット(冷凍)
042　コーンマヨソース(コーン缶詰)
050　かにかまコーンバター丼(コーン缶詰)
043　トマトソース(水煮缶詰)
074　トマトスープパスタ(水煮缶詰)
062　かんたんトマトリゾット(ジュース)
079　ピザ風パンケーキ(ジュース)
084　トマトラッシー(ジュース)
039　キャベツのカレースープ(ミックスビーンズ)
073　ライスサラダ(ミックスビーンズ)
083　豆サラダヨーグルト(ミックスビーンズ)
085　ブルーベリーヨーグルト(冷凍)
062　おとし卵の洋風おじや(ミックスベジタブル)
072　ライスオムレツ(ミックスベジタブル)

乳製品
●牛乳
028　ふんわりオムレツ
030　チーズ・スクランブルエッグ
031　かんたんスフレ
035　かんたんクロックムッシュ
036　厚切りフレンチトースト
036　ココアフレンチトースト
039　きのこのミルクスープ
063　かぼちゃリゾット
072　かんたんドリア
078　アップルシナモン・パンケーキ
084　アボカドミルク
087　ロイヤルミルクティー
087　黒ごまきなこミルク

●チーズ
020　ハムクロワッサン・サンド(カッテージ)
037　カマンベールいちごトースト
014　イタリアン・トースト(クリーム)
022　きんぴらチーズ・サンド(クリーム)
037　ブルーベリーチーズトースト(クリーム)
109　いちごチーズ・ロールサンド(クリーム)
023　シチュー・ポットパン(粉)
062　かんたんトマトリゾット(粉)
072　ライスオムレツ(粉)
079　ピザ風パンケーキ(粉)
082　シーザーサラダ風・シリアル(粉)
056　はんぺんのチーズ焼き(スライス)
014　カレーチーズ・トースト(ピザ用)
014　納豆チーズ・トースト(ピザ用)
016　ピザ・トースト(ピザ用)
030　チーズ・スクランブルエッグ(ピザ用)
035　かんたんクロックムッシュ(ピザ用)
070　バゲットのトマトチーズ焼き(ピザ用)
071　かんたんオニオングラタンスープ(ピザ用)
072　かんたんドリア(ピザ用)
076　もちラザニア(ピザ用)
073　ライスサラダ(プロセス)
●ヨーグルト
035　かんたんクロックムッシュ
038　きゅうりの冷たいスープ
041　野菜のヨーグルトみそ漬け
042　アボカドディップ
080　オレンジ・シリアル
081　バナナヨーグルト・シリアル
082　シーザーサラダ風・シリアル
083　ベリーベリーヨーグルト
083　きなこヨーグルト
083　マシュマロヨーグルト
083　豆サラダヨーグルト
084　トマトラッシー
085　ブルーベリーヨーグルト
109　いちごチーズ・ロールサンド

大豆製品
059　油揚げの卵とじ
066　だいこんと油揚げのみそ汁
060　高野どうふの煮もの
039　ごま風味の豆乳スープ
080　きなこあずき・シリアル(豆乳)
085　パイン豆乳
098　豆乳スコーン
049　とうふのっけTKG
065　とうふのだし茶漬け
066　こまつなととうふのみそ汁
099　とうふディップ
014　納豆チーズ・トースト
050　納豆しらす丼
058　生揚げのぽん酢いため
061　生揚げのみそ焼き

ベターホーム協会

1963年発足。
「心豊かな質の高い暮らし」を目指し、
日本の家庭料理や暮らしの知恵を、生活者の視点から伝えています。
活動の中心である「ベターホームのお料理教室」は、全国で開催。
毎日の食事づくりに役立つ調理技術とともに、食品の栄養、
健康に暮らすための知識、環境に配慮した知恵などをわかりやすく教えています。

料理教室の問い合わせ・資料のご請求
お料理教室のパンフレットは、
お電話かホームページよりお申し込みください。
☎ 03-3407-0471
http://www.betterhome.jp

料理研究／ベターホーム協会（加藤美子／浜村ゆみ子）
撮影／柿崎真子
スタイリング／久保田朋子
アートディレクション＆デザイン／新井 崇（CASH G.D.）
校正／ペーパーハウス

パン派？ ごはん派？ さっと作れる朝食レシピ
ベターホームの朝ごはん

初版発行　2011年3月1日
11刷　　　2020年2月1日

編集・発行　ベターホーム協会

〒150-8363
東京都渋谷区渋谷1-15-12
〔編集〕☎ 03-3407-0471
〔出版営業〕☎ 03-3407-4871
ISBN978-4-86586-004-7
乱丁・落丁はお取替えします。本書の無断転載を禁じます。
Ⓒ The Better Home Association,2011,Printed in Japan